いっしょに考える
外国人支援

関わり・つながり・協働する

南野奈津子 編著

明石書店

はじめに —— なかなか一歩を踏み出せない私たち

　日本に暮らす外国人が増え、英語や中国語の看板やアナウンスに触れるのも
すっかりめずらしくなくなった。しかし、ずいぶん前から多くの外国人が、日
本に暮らしているにもかかわらず、いまだに言葉や文化の壁により、日々の生
活に苦労している外国人が多くいる。外国人に対する差別的な言動、外国人労
働者の不当な扱い、国際結婚を経た外国人シングルマザーの貧困問題や外国籍
の子どもの教育問題など、深刻な課題がある。そして、本書が出版される
2020年、新型コロナウイルスの感染拡大に伴い、社会状況は大きく変わった。
安心して医療を受けることができる、そして安定した職を維持することができ
ることのありがたさを感じさせる一方で、それらが脅かされる人々の姿も浮か
び上がってきた。

　医療や雇用からはじき出されるのは、特定の仕事や属性をもつ人になる。そ
の集団の1つが、外国人だ。社会が不安定になったり、災害に直面したりした
ときに特定の集団がより多くの困難に直面する、という事実は何を意味してい
るのだろうか。それは、今まで実はすでに存在していた、しかしあまり可視化
されてこなかった、社会のひずみ、である。近年、外国人の受け入れ、そして
外国人労働者の受け入れ政策が活発に議論されてきた。関連する調査や議論の
なかには、「外国人をどう受け入れるか」を「人材不足」「人口問題」とセット
で扱うようなものもある。しかし、人口が減るから、働き手が減るから外国人
の受け入れ環境を整えなければならないのだろうか。もちろん人材不足や人口
問題も無関係ではないが、日本の社会の事情に即した観点での問題ではなく、
本来は人間として共に生きる社会のあり方の問題ではないだろうか。そうした
視点の不足が、社会的な混乱が生じるような状況で浮かび上がっているように
思う。

外国人が地域に暮らし、そして困難を経験していること、私たちが変えなければならないことがあることに、実際には私たちは以前から気付いている。日本で多くの児童虐待の問題が起きていること、あるいは、日本に日々の食事にも苦労する子どもがいることを知っている、ということと同じように。でも、実際にどのようなものなのかを、詳しく理解しているわけではない。「自分にできることがあれば」と思うことはあっても、「では具体的には何を」となると、「まだよくわかっていないのでちょっと不安……」というのが本音であろう。

　2018年に、東京都港区で児童相談所の設立に反対する動きがあったことがニュースで報道されていた。その報道で感じさせられたのは、ある問題：今回の場合は児童虐待に関わる子どもや家族に関するさまざまな事実、そして、組織に関する事実：今回は児童相談所が、いかに社会で正確に理解されるのが難しいか、ということだ。「何となく知っている」けれど、詳しくは知らない。だから具体的に何ができるのか、と言われると心もとない。だから、気になりつつもそのままにしてしまう。何かできることがあればしたい、と思っても、知らないことに手を出すのは誰でも不安になる。だから、接点をもつことに慎重になる。このことは、日本に暮らす外国人に関しても言えるのではないか。

　日本では、1日3回の食事も満足に取ることができない子どもがおり、一般的な家庭の生活費よりもはるかに少ない額で日々を生きている、という子どもの貧困の問題は、かつては十分に知られていなかった。しかし、報道や調査研究により、その実情が明らかとなった。そして、「自分にできることは何か」との思いをもつ人々により、学習支援や子ども食堂の輪が広がった。貧困家庭に育つ子どもへの学習支援は、実は意志ある人たちにより、以前から一部の地域では行われていた。そうした活動は、子ども食堂の話題などが広がるなかで、新しい活動と融合し、支援として広がっている。これを外国人への支援にも、当てはめることができるだろう。すでに行われているさまざまな調査研究や取り組み、そしてそこから見えている課題や問題意識を共有することが、新たな支援の発展につながるのではないか。そうした思いをもとに、本書の出版に至

った。

　本書では、苦境に立たされている外国人の実情、その問題が起きる構造、行われている支援の実際、そして今後の課題や展望について、各領域で第一線に立つ専門家・専門職が紹介している。国際社会での外国人の生きる権利の保障の考え方や取り組み、そして地域での社会への発信やつながり、という観点からソーシャルアクションについても広く触れている。実情を知りたい、自分にできることや何かヒントを得たい、という期待に応えるような事例を多く掲載した。それだけではなく「なぜ支援が必要なのか」についての実態だけに留まらず、「とらえ方」についても触れている。専門職も、そうでない人も、外国人の生活困難と支援に関する日本の実情を、背景も含めて共に考え、そのうえで、今いる場所で自分ができることを考えていく。そのことが、本書のタイトルを「いっしょに考える」としたゆえんである。

　問題は山積しているが、何もしないわけにはいかない。できることから始めるしかない。そのためには、いろいろな情報、そして実際に起きていることを知ることが、小さくて大きな一歩である。この書籍が、現状や事例の共有、そしてできることをする、につながることを願っている。

南野　奈津子

　注：本書では、「移住者」「外国人」「外国籍児童」「移民」「移住労働者」を使用している。
　　　各章の文脈に応じ、外国籍の人々、あるいは日本国籍だが外国にルーツをもつ人々、
　　　を含むものとする。

序章

日本社会、
そして外国人の今

南野奈津子

1. 移住者をめぐる世界の動向

　私たちは、外国人とどう共生していくのか。今ほどその問題に直面しているときはないだろう。この状況が生まれたのには、世界情勢、日本の国内事情、両方が関わっている。

　本章では、国内外の移住者の全体像を把握したうえで、今起きている状況・問題について共有したい。

（1）国境を越えて移動する人の急増

　世界では、国境を越えて移動する人は、近年は一貫して増加している。2019年時点で国境を越えて移住した人の数は、2億7000万人以上である。その数は、2000年の1億7300万人と比較すると約1.6倍、また2010年と比較しても5000万人強の増加となっている。国際移民が世界人口に占める割合は、2000年の2.8％から現在は3.5％へと上昇している（国連広報センター 2019）。今、世界では過去にない規模の人の移動が起きている（図0-1）。

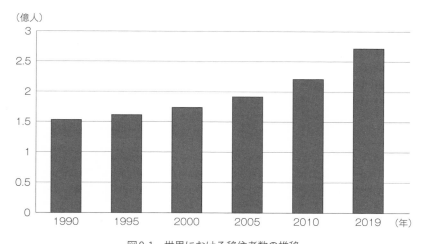

図0-1　世界における移住者数の推移
出典：国際移住機関（IOM）（2019）より筆者作成

国連は、国境を越える全世界の難民と庇護申請者が、2010年から2017年にかけて約1300万人増加し、国際移民全体の増加分の4分の1近くを占めていることを報告している。この難民の増加には、紛争が大きな影響を与えている。近年は、シリアや南スーダン等で起きている紛争や迫害が大量の避難民を生み出しており、それに伴って治安の悪化や搾取、貧困など、生活が根底から脅かされる状況が世界各地で起きている。国境を越える人の増加は、人として生きる基盤を剥奪された人の増加、でもある。

(2) 反グローバリゼーション・移民排斥の動き

　今まで世界のなかでも最も多くの移民を受け入れてきた米国、ドイツをはじめとして、欧州各国ではナショナリズムを掲げ、移住者受け入れに反対する政党の台頭やデモの激化が報道されている。この1、2年に行われた欧州での議会選挙では、多くの国で移民排斥を訴える政党が得票数を伸ばした。

　こうしたなかで、新型コロナウイルス感染が拡大した。この感染拡大があぶりだしたのは、移民への労働力の依存と、彼らを含むマイノリティの健康を守る体制の欠落だ。感染者が急増した米国では、感染者割合はマイノリティが白人系アメリカ人よりもはるかに多いことが報告されている（図0-2）。それも小さな差ではなく、5倍（アフリカ系）、6倍（アメリカンインディアン、アラスカ先住民）の差である。

　理由として、もともと低所得層で十分な社会保障サービスへのアクセスができないこと、居住エリアの環境の悪さ、そしてヘルスケア、ごみ処理、飲食業、配達業など、人とのコンタクトが多く、社会が機能するうえで必要な業種の従事者が多いこと、などがあげられている。また、移民の多くが工場での単純労働等に従事しており、コロナウイルス感染拡大に伴い、解雇や雇止めも起きている。この動きは米国だけではなく他の先進国でも同様である。「必要」と「要らない」、そして「社会を支えてほしい」けど「自国民ほどには支えられない（支えない）」が交錯する先進国の社会構造が透けて見える。

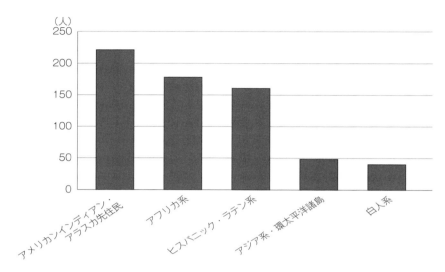

（人）

図0-2　新型コロナウイルス関連の入院患者数（対人口10万人、2020年3〜6月）
出典：米国疾病予防管理センター（CDC）（2020）より筆者作成

▎2.　移民社会としての日本の今

　日本はどうなのだろうか。日本政府は、「日本には移民はいない」「受け入れない」という姿勢を貫いてきた。では今、日本に暮らす外国人は、どういう人たちなのか。そもそも、移民とは誰のことなのか。

　国際社会で統一された「移民」の定義は、現在存在しない。ただ、国連は「自国または暮らした地を離れ、定住の場を移動した人」との定義を示している。実際には、「ホスト国で概ね1年以上暮らしている人」という定義が多くで用いられている。その観点からすれば、移民という言葉を使うか使わないかはともかく、日本が移民国家であることは間違いない、というのは多くの識者が指摘するところである。

　しかし、私たちはその実情をどの程度把握しているのだろうか。一部のメディア情報だけで、日本に暮らす外国人を理解した気になっていないだろうか。

(1) 日本に暮らす外国人の実情

　以前、『世界がもし100人の村だったら』という書籍があった。2021年6月末時点で日本に暮らす外国人を100人とすると、以下のようになる。

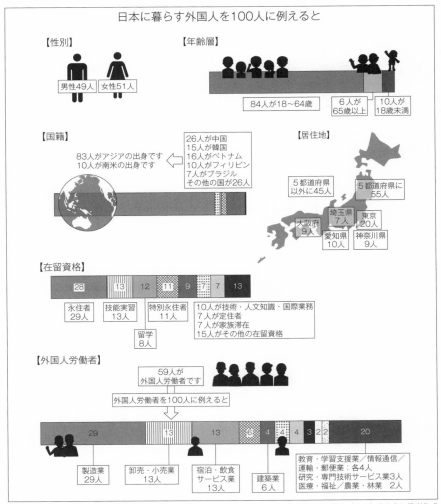

出典：法務省（2021）をもとに筆者作成

では、改めて外国人の状況を整理していこう。2019（令和元）年6月末の在留外国人数は282万9416人で、その後コロナ禍で減少したが、それまでずっと増加してきた（図0-3）。

　外国人の増加の特徴をみる際には、定住する、あるいは定住可能で、かつその見込みがある外国人と、一時的（といっても数十年の人もいるが）な在留の外国人、つまり非定住外国人、に分けることができる。ここでは、就労に制限がなく、日本人と同じ活動が可能で、多くは日本人の家族や日系人である人がもつことが多い「身分又は地位に基づく在留資格：永住者、永住者の家族、定住者、日本人の配偶者等」をもつ外国人を「定住外国人」、それ以外を「非定住外国人」と呼ぶことにする（この区分は在留資格に基づく本書での解釈である）。

　外国人数は約5年で約60万人増加している。定住外国人も増加しているが、それ以上に増えているのが、非定住外国人である（図0-3）。

　次に、国籍別の割合をみてみよう。国籍別では、中国と韓国で約半数、そしてベトナムとフィリピンを合わせると、全体の約4分の3を占める（図0-4）。

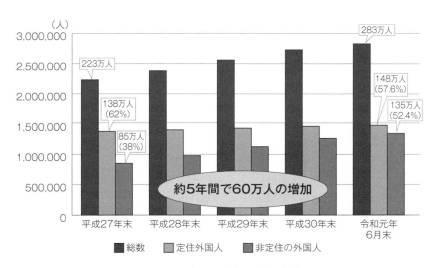

図0-3　日本の在留外国人数の推移
出典：法務省（2019）より筆者作成

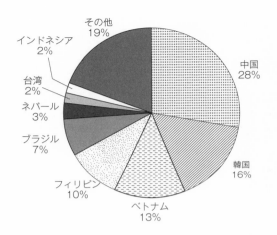

図0-4　在留外国人の国籍別の割合
出典：法務省（2019）より筆者作成

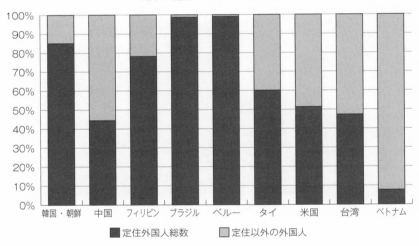

図0-5　定住・非定住の在留資格別外国人比率（人口上位10か国）
出典：法務省（2019）より筆者作成

　また、ここ数年でベトナム人の数は急増しており、今や非定住外国人の多くを占める（図0-5）。外国人人口の上位10か国について、在留資格別にみると、

労働者として滞在する非定住外国人、定住外国人も国により大きな差がある。1990年代に移住労働者として来日したブラジル、ペルー、そして国際結婚の増加にも深く関わるフィリピンの出身者は、その多くが定住者としての在留資格をもつ。

　在留外国人は、人口の多い都道府県に集中しており（図0-6）、在留外国人の数が多いトップ5の都道府県に、在留外国人人口の半分強が居住している。もともとの人口差もあるとはいえ、外国人数が最も多い東京都（58万1446人）は、最も少ない秋田県（4230人）の約137倍と、その差は非常に大きい（表0-1）。人の生活は、その地域の産業やサポートネットワークの有無の影響を受ける。その点をふまえて外国人に関する統計をみていくと、必要な支援も人口の状況に応じて変わるであろうことがわかる。

　外国人数の国籍で最も多い順にみると中国、韓国、ベトナム、となるが、どの年齢層でも同じというわけではない。高齢者の場合、圧倒的に韓国が多く、子どもや若者では、ブラジル、フィリピン、ベトナム国籍が多い（図0-7）。在日コリアンが多く暮らす大阪府や兵庫県は、高齢者の人口が他県より高く、愛

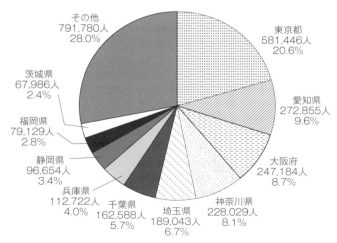

図0-6　在留外国人の構成比：都道府県別

出典：法務省（2019）より筆者作成

表0-1　都道府県別の在留外国人数

都道府県	令和元年6月末 (2019)	構成比 (%)	都道府県	令和元年6月末 (2019)	構成比 (%)
総　数	2,829,416	100.0			
東京都	581,446	20.6	山口県	17,425	0.6
愛知県	272,855	9.6	熊本県	16,592	0.6
大阪府	247,184	8.7	山梨県	16,507	0.6
神奈川県	228,029	8.1	石川県	16,024	0.6
埼玉県	189,043	6.7	福井県	15,142	0.5
千葉県	162,588	5.7	福島県	14,886	0.5
兵庫県	112,722	4.0	香川県	13,385	0.5
静岡県	96,654	3.4	大分県	13,379	0.5
福岡県	79,129	2.8	奈良県	13,155	0.5
茨城県	67,986	2.4	愛媛県	12,459	0.4
京都府	62,603	2.2	鹿児島県	11,453	0.4
群馬県	60,168	2.1	長崎県	10,489	0.4
岐阜県	57,606	2.0	島根県	9,649	0.3
広島県	54,419	1.9	山形県	7,618	0.3
三重県	54,254	1.9	岩手県	7,591	0.3
栃木県	42,791	1.5	宮崎県	7,162	0.3
北海道	37,906	1.3	和歌山県	6,868	0.2
長野県	37,845	1.3	佐賀県	6,732	0.2
滋賀県	32,441	1.1	徳島県	6,232	0.2
岡山県	29,182	1.0	青森県	6,076	0.2
宮城県	22,408	0.8	高知県	4,746	0.2
富山県	19,362	0.7	鳥取県	4,739	0.2
沖縄県	19,360	0.7	秋田県	4,230	0.1
新潟県	17,675	0.6	未定・不詳	1,221	0.0

出典：法務省（2019）より筆者作成

知県は子どもや労働者層が多いなど、年齢別にみても、また異なった様相をみせている（表0-2）。外国人人口、そして年齢層の違いも交錯するなかで、自治体ごとに抱える課題の違いも大きいことが推測できる。

　ちなみに、外国人の高齢化問題はどうかといえば、日本の人口比と比較すると、いわゆる労働人口の割合が大きく、高齢化は日本人の状況とは異なる（図0-8）。労働人口割合が受入国より大きいことは、日本のみに限らず、移民受け入れ国に共通する。

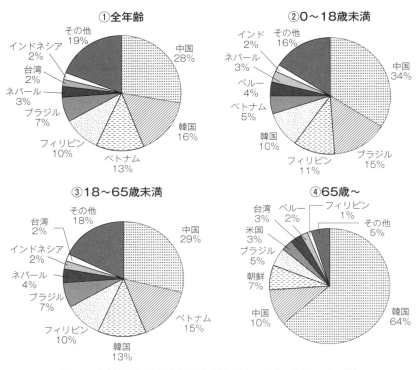

図0-7　年齢層別・国籍別外国人割合（人口上位8か国＋その他）
出典：法務省（2019）より筆者作成

表0-2　在留外国人数トップ10都道府県の年齢層別の人数

		総数		0～18歳未満		18～65歳未満		65歳～	
1	東京都	581,446	東京都	64,200	東京都	491,619	大阪府	37,117
2	愛知県	272,855	愛知県	38,625	愛知県	219,609	東京都	25,627
3	大阪府	247,184	神奈川県	28,824	大阪府	188,247	兵庫県	17,766
4	神奈川県	228,029	埼玉県	24,562	神奈川県	187,116	愛知県	14,621
5	埼玉県	189,043	大阪府	21,820	埼玉県	158,177	神奈川県	12,089
6	千葉県	162,588	千葉県	18,568	千葉県	137,815	埼玉県	6,304
7	兵庫県	112,722	静岡県	14,477	兵庫県	84,646	千葉県	6,205
8	静岡県	96,654	兵庫県	10,310	静岡県	78,393	静岡県	3,784
9	福岡県	79,129	茨城県	7,533	福岡県	66,910	茨城県	2,285
10	茨城県	67,986	福岡県	6,605	茨城県	58,168	福岡県	5,614

出典：法務省（2019）より筆者作成

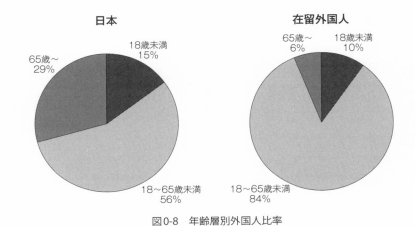

日本　　　　　　　　　　　　在留外国人

65歳〜
29%

18歳未満
15%

18〜65歳未満
56%

65歳〜
6%

18歳未満
10%

18〜65歳未満
84%

図0-8　年齢層別外国人比率

出典：法務省（2019）より筆者作成

(2) 在留外国人をめぐる制度的な枠組み

　日本に暮らす外国人について理解するうえで、在留資格等、外国人の位置づけと制度的な枠組みを確認しておきたい。法務省の統計をはじめとする多くの資料では「在留外国人」という語が使用されている。大雑把な言い方にはなるが、在留外国人とは「日本に3か月以上滞在する日本国籍以外の人」である。3か月以上滞在する外国人は、日本に滞在する「目的・滞在事由」をもって滞在するのであり、その「目的・滞在事由」を示す、かつ保障するのが「在留資格」である（外国人は「ビザ」という人が多いことから、ビザと呼ぶことも多い）。在留資格は以下の種類に分かれており（表0-3；詳細は第1章参照）、3か月以上滞在する外国人、通称在留外国人は、年齢を問わずこの在留資格をもつこととされる。

　在留外国人は、在留資格の種別、住所などが記載された「在留カード」（図0-9）を携帯することが義務づけられている。在留外国人は、この在留資格以外の活動は原則としてできない。例えば、「外交」で在留している外国人が「興行（歌手として収入を得るなど）」の活動を行ってはならない。在留資格は更

表0-3　在留資格の一覧

外交	外国政府の大使，公使等及びその家族
公用	外国政府等の公務に従事する者及びその家族
教授	大学教授等
芸術	作曲家，画家，作家等
宗教	外国の宗教団体から派遣される宣教師等
報道	外国の報道機関の記者，カメラマン等
高度専門職	ポイント制による高度人材
経営・管理	企業等の経営者，管理者等
法律・会計業務	弁護士，公認会計士等
医療	医師，歯科医師，看護師等
研究	政府関係機関や企業等の研究者等
教育	高等学校，中学校等の語学教師等
技術・人文知識・国際業務	機械工学等の技術者等，通訳，デザイナー，語学講師等
企業内転勤	外国の事務所からの転勤者
介護	介護福祉士
興行	俳優，歌手，プロスポーツ選手等
技能	外国料理の調理師，スポーツ指導者等
特定技能	特定産業分野に属する相当程度の知識又は技能を要する業務に従事する外国人
技能実習	技能実習生
文化活動	日本文化の研究者等
短期滞在	観光客，会議参加者等
留学	大学，短期大学，高等専門学校，高等学校，中学校及び小学校等の学生・生徒
家族滞在	在留外国人が扶養する配偶者・子
特定活動	外交官等の家事使用人，ワーキング・ホリデー，経済連携協定に基づく外国人看護師・介護福祉士候補者等
永住者	永住許可を受けた者
日本人の配偶者等	日本人の配偶者・実子・特別養子
永住者の配偶者等	永住者・特別永住者の配偶者，我が国で出生し引き続き在留している実子
定住者	日系３世，外国人配偶者の連れ子等

出典：法務省（2019）より筆者作成

図0-9　在留カード
出典：入国管理庁ホームページより

新制であり、在留外国人は、期限が切れる前の更新手続き、住所変更の際の届け出、そして在留資格の変更が必要となった際（例えば「留学」で滞在していたが結婚して「日本人の配偶者等」になるなど）の変更手続きなどを行う義務がある。在留資格の更新手続きをせず、在留カードに示された期限を超えた場合、「超過滞在」「非正規滞在」、別の言い方では「オーバーステイ」となる[1]。

　他章でもあるように、外国人の権利は、在留資格により守られる一方で、在留資格に関わる枠組みに縛られるために、侵害されやすくなる一面もある。就労の可否、そして生活保護等の対象になり得るかは、国籍でも、在日年数でも、日本人と結婚している／していない、でもなく、「期限が有効な在留資格をもっているか」そして「有する在留資格が何か」で決まる。しかし、外国人労働者やドメスティックバイオレンスの被害女性などは、在留資格の更新に必要なパスポートを雇用のあっせん会社や雇用主、または夫が管理しており、自分では所有できていないことがある。また、在留資格の更新には雇用主や夫のサインが必要であるなど、在留資格を得る、または維持するために、不条理な条件をのまざるを得ないような状況におかれやすくなる。こうした、在留資格上の枠組みのなかで生きるゆえの搾取や不利を被りやすくなる構造がある。そのため、外国人が問題を解決し、自立することをサポートするためには、在留資格の仕組みを理解しておくことが重要となる。

(3) さまざまな課題の表面化

　最近は、日本人に対し、肯定的なコメントをする外国人の姿もテレビなどでよくみかける。しかしその一方で、福祉的な支援を必要としている外国人も実は非常に多い。そして、日本社会の現状に対する国際社会からの批判も少なくない。

　日本で働く外国人労働者は急増を続け、2019年には166万人となった。2019年に、改正出入国管理法が施行された。この法律は、深刻な人手不足に対応するため、新たな在留資格（特定技能1号・2号）を新設し、外国人労働者の受け入れを拡大することを意図している。これは、今まで認めてこなかった

単純労働分野での外国人労働者受け入れであり、5年間で最大約34万人の外国人労働者を受け入れることを想定している。

　より多くの外国人労働者の受け入れが進む一方で、彼らがおかれる劣悪な状況も表面化している。アメリカ合衆国国務省が発行する「Trafficking in Persons Report 2019」は、「日本の技能実習生の受け入れにおいてブローカーが関与している」点から、人身売買、そして搾取的労働の問題として指摘している。

　イギリスの公共放送機関（BBC）のホームページの一部（図0-10）では[2]、日本の技能実習生制度は、「搾取：exploitation」と表現されている。なかには、「奴隷制度」と表現して批判している論評すらある。

図0-10　BBCのホームページで取り上げられた日本の技能実習制度
出典：BBC（2018）

　外国人労働者は、母国に生活の基盤をおき、日本に日々通勤しているわけではない。日本に住まいをもち、人々と交流し、時には病気にもなれば、精神的に辛いときもあるだろう。また、労働中の怪我や病気が起きたときには、医療や生活の支援が必要となり、それらが提供される環境も不可欠である。労働の権利が守られないことは、健康問題や経済問題、他者とのつながりなど、人としての基本的な権利にも関わる。労働者をどのように生活者の側面をももつ存在として支えていくかは、今後の大きな課題となるだろう。

　また、子どもの教育の問題もある。少子化のなかにあっても、日本語指導を

必要とする子どもが増えている。いくら労働者の家族帯同を認めなくとも、国際結婚やその他の理由での在留外国人がいる以上、外国人数が増えることで教育のニーズが高まるのは当然である。しかし、現状は、彼らを支える制度も、地域での支援体制も追い付いていない。人間の基盤を形成する子どもの幼少期の教育は、外国人ならずとも重要である。しかし、社会を生きるためのさまざまな資源を得る時代の子ども期に、必要な支援を受けないまま大人になっている子どもは多い。

　こうした問題のほか、外国人の高齢者への支援、家族からの暴力被害を経験している女性や子ども、病気や怪我、障害を抱える状況に陥り、言葉や制度の壁を前にして途方にくれる外国人の存在など、問題は多々ある。政府は、2018年に「外国人材の受入れ・共生のための総合的対応策」を示したが、地域での課題はまだ多いと言わざるを得ない。

(4) 外国人はセイフティネットからこぼれ落ちやすい

　福祉の仕事をしていると、福祉的な支援を必要とする状況になりやすい集団、が存在することに気づく。そうした集団は、公的支援、地域のインフォーマルな支援、そして個人として問題を解決する状況や力、などが複合的に弱い状況におかれている結果、問題が深刻化していく。

　多くの人は、日々の生活で困ること、あるいは大きな出費を必要とするような状況を一度や二度は経験する。それは出産や介護など、人生の過程でのライフイベントかもしれないし、病気や怪我、リストラなど、自身の意に反した、予想外の出来事かもしれない。しかし、私たちの多くは、公的な保険や年金制度などのフォーマルなサポート（公助）を利用し、同時に友人や家族、地域のNPOからは公的な支援では行き届かないような支えも得たりする（共助）。また、困った事態に直面したとしても、その社会で生きてきた年月の蓄積があれば、解決法にたどりつくことができる。そうした生きる力と「この状況をよくしよう」という思いなどの力（自助）を基盤として、問題を乗り切る。さまざまな層が機能して、その人の社会生活を支えていく（図0-11）。

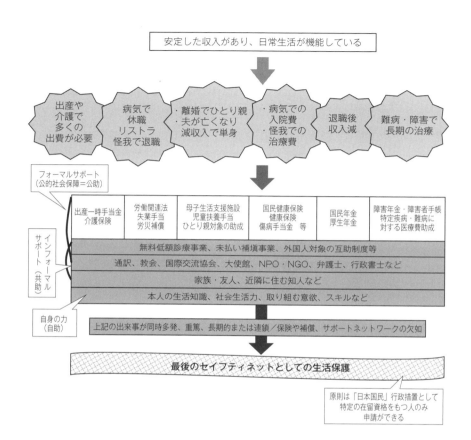

図0-11　人の生活構造と支援との関係
出典：筆者作成

　しかし外国人の場合、言葉や制度の知識が十分にないことから、フォーマル
サポートの情報を入手できないことがある。知人や家族とは遠く離れた生活を
していて、ちょっとしたサポートも頼むことができないことも少なくない。母
国や日本での生活のなかで、差別を感じさせるような経験をすることで「助け
を求めたって無駄だ」と感じていることもある。こうしたことの積み重ねが、
外国人にとっては生活課題を抱えやすい状況となる。移住者であることは、私

たちとは違う生活基盤のもろさがあるのだ。

(5) 複合的な壁

　外国人支援に関して、外国人は3つの壁、すなわち言葉の壁、制度の壁、心の壁、があると言われることが多かった。2018年に日本社会福祉士会が発行した「滞日外国人支援基礎力習得のためのガイドブック」は、新たに「文化の壁」と「アイデンティティの壁」を加えている（図0-12）。

図0-12　外国人が直面する壁
出典：日本社会福祉士会（2018）を参考に筆者作成

　言葉の壁としては、言葉の理解の難しさから、周囲との意思の疎通、そして情報取得が難しくなる。「文化の壁」は、文化、人種、民族、宗教、スピリチュアル（精神性）、価値観、生活習慣および行動規範など、多様な文化に関わる要素の違いにより、生活や価値観を尊重した生き方が難しくさせるような壁である。「心の壁」とは、外国人への顕在的・潜在的な差別・偏見などで、ヘイトスピーチなど、日本でも問題になるような課題である。「アイデンティティの壁」とは、国家、民族、文化的集団などに対する帰属意識であり、自分らしく生きることへの壁である。「制度の壁」は、ホスト社会の制度や社会サービスを利用できない、あるいはその利用が制限されるような状況を生む壁である。これらの壁は、重なり合うことで、強化されることもある。言葉の壁が制

度利用を阻むこともあるし、心の壁が文化の壁をより高いものにすることもある。

　「受け入れ」のあり方について、多くの議論が交わされている。しかし、結局のところ、地域で人と人が出会い、付き合うなかで具体的に起きることに対処していくことそのものの蓄積、ではないだろうか。筆者は、仕事柄多くの外国人と話をする機会がある。そのなかで、日本社会で受けた差別的な経験について話が出ることもあった。ある青年は、「アフリカ系の友達が、クラスで『チョコビーンズ』と呼ばれていじられていた。その子は笑って流してたけど、いやな気持だったと思う」と語った。あるアジア系の女性は、激しい暴力を夫から受けたのちに、養育費の支払いを求めて裁判を考えた。しかし、裁判はしなかった。「日本の裁判所は日本人の味方しかしない、と思った。裁判はしても無駄。だから裁判したくない」と彼女は筆者に語った。またある男性は「電車では、自分の隣には日本人は座らない。前におばあさんに席を譲ったら、汚いものを見る顔をされた」と語った。一方で、日本の制度や人々の温かさに触れて「日本のような国は世界にはない」「日本の教育や福祉は素晴らしい」「日本人は皆誠実だ。自分の国も日本のようになってほしい。子どもには、日本で育ってほしい」という外国人に出会うのも事実だ。私たちは、将来はどちらの声に満たされる社会を望むのだろうか。

3. 私たちはどこへ向かうのか

(1) 国際社会が目指す道

　2018年12月「安全で秩序ある正規移住のためのグローバル・コンパクト」が、そして12月17日に「難民に関するグローバル・コンパクト」が国連で採択された。「安全で秩序ある正規移住のためのグローバル・コンパクト」は、2016年から実施が始まった国連の「持続可能な開発のための2030アジェンダ」（SDGs）に沿って、移住者に対し法に基づく適正な支配と手続を行うこと、

国際人権法および国際人権基準に基づき人権を保障すること、ジェンダーに配慮すること、そして子どもの最善の利益を保障することなどを基本的理念として、23項目の目標、および政策指針や実践上の行動を掲げている（図0-13）。採決では、日本も賛成を表明している。

① 政策立案のためのデータ収集
② 移住せざるを得なくなるような構造要因の削減
③ 移住の全段階に関するタイムリーな情報提供
④ すべての移住者に法的に証明する身分証交付
⑤ 正規移住を増やし、柔軟に対応
⑥ 公正・倫理的なリクルート促進と、ディーセント・ワーク（働きがいのある人間らしい働き方）確保
⑦ 移住プロセスにおける脆弱性の軽減
⑧ 行方不明の移住者に関する国際協力
⑨ 移住者の密輸に対する国際的な対応強化
⑩ 人身取引の防止と対策
⑪ 国境管理を一貫性のある安全な方法で行う
⑫ 入国時手続きの確実性とリスク予測の強化
⑬ 収容は最後の手段として、代替措置の追求を
⑭ 領事館による保護、援助の拡大
⑮ 基本的なサービスへのアクセスを可能に
⑯ インクルージョン促進のため、移住者や社会をエンパワー
⑰ あらゆる差別撤廃と、事実に基づく議論促進
⑱ スキル開発への投資と資格承認
⑲ あらゆる国において移住者が持続可能な開発に貢献できる条件を創出
⑳ 迅速・安全・安価な送金の促進
㉑ 尊厳のある帰還、再入国、再統合の促進
㉒ 社会保障の受給資格や年金の国を超えた移管
㉓ 国際協力、および安全で秩序ある正規移住のためのグローバル・パートナーシップの強化

図0-13　安全で秩序ある正規移住のためのグローバル・コンパクト：23の目標
出典：United Nations（2018）

この文書は条約や協定ではないため、法的な拘束力はない。しかし、移民に対する姿勢における国際的規範を明確にした。移民の問題は、世界中の国が直面する問題であり、複数の国家にまたがる問題である。移民の問題は、国際社会が共に解決する問題であり、日本も含めた国際的な協力なしには不可能であることを確認するものとなっている。

このコンパクトに示されている姿勢は、当然日本にも求められる。世界的にみれば、日本においては紛争・民族間の抗争が多発する社会ではない。しかし、

日本における外国人労働者、定住者、そして難民申請者数は急増している。外国人、そして難民の急増は、世界中で起きている混沌とした人の移動とも深く関わる。日本で紛争が起きていないからといって、世界の紛争や難民問題は無関係であるということではない。世界の問題は日本の外国人をめぐる課題とつながっているのだ。

（2）どのような日本社会を次世代につなぐのか

　オランダの総合人材サービス会社、ランスタッド・エヌ・ヴィーによる「世界34か国・地域での労働者意識に関するグローバル調査」（2019年第3四半期）によれば、「労働力不足のために自社が外国人労働者を雇用すること」を、グローバルでは63.6％、日本人労働者は55.6％が同意している。一方、「さまざまなバックグラウンドをもつ同僚と働きたい」との回答は、日本の労働者は44.0％で、グローバル平均の79.4％から大きく乖離し、調査対象のなかで最下位であった（図0-14）。

　2020年から30年間で、14歳以下の子ども、そして15歳から64歳の人口はそれぞれ約10％減少する。人数はそれぞれ3分の1になると推計されている（表0-4）。こうした、予測されている人口構造の変化は、外国人の受け入れの理由となりがちである。同時に、社会の国籍やルーツの多様性が進む社会づくりとも切り離せない。「働いてほしいが多様性はいらない」が通るのだろうか。日本社会が迎えるであろう変化の時代を支えるには、共生文化の基盤をどうつくるか、生活のなかで壁に直面して立ち尽くしている外国人をどのように支えるか、は重要な政策であり、福祉の課題であり、社会のあり方への意識を問われる課題でもある。

　とはいっても、「『さあ、どうするの』『行動しようよ』と言われても困ってしまう」というのも、率直なところだろう。では、何から始めようか。筆者が大学で担当する授業では「障害者とどう接するか」というテーマを扱うことがある。また、実習に行く学生は、最初は障害者の施設に行く前は「ちょっと怖いという気持ちがあった」と言う。しかし、障害について学び、実習にいくと

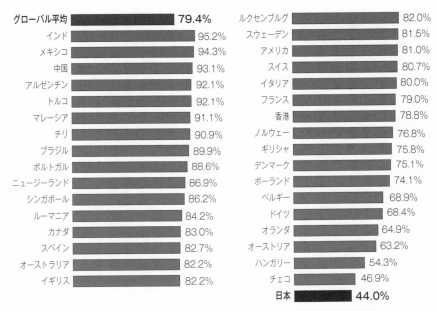

図0-14　「さまざまなバックグラウンドをもつ同僚と働きたい」の回答割合
出典：ランスタッド・エヌ・ヴィー（2019）

表0-4　日本における人口の将来推計

年次	人口（1,000人）			
	総数	0〜14歳	15〜64歳	65歳以上
(2020)	125,325	15,075	74,058	36,192
(2025)	122,544	14,073	71,701	36,771
(2030)	119,125	13,212	68,754	37,160
(2035)	115,216	12,457	64,942	37,817
(2040)	110,919	11,936	59,777	39,206
(2045)	106,421	11,384	55,845	39,192
(2050)	101,923	10,767	52,750	38,406

出典：国立社会保障・人口問題研究所「日本の将来推計人口（平成29年推計）」をもとに筆者作成

「気持ちが変わった」「障害者へのとらえ方が変わった」とほとんどの学生が口にする。「実情を知ること」「関与してみる」は、小さく見えて、大きな一歩なのだ。

また別の授業では、子どもを虐待してしまう家族の事例について、その後の支援として「在宅で親子が共に暮らす環境での支援」「子どもが施設に入所した状況にしたうえで支援する」「母子が施設に入所した状況にしたうえで支援する」という選択肢のうち、どれを選ぶか、理由も併せて検討する、という授業を行ったことがある。多くの学生は、最初は「子どもが施設に入所した状況で支援を行う」を選んだ。しかし、その後ディスカッションや支援のバリエーション（制度や考え方、強みをみるという視点）を知ることを重ね、「親子が在宅で暮らす形での支援」を選ぶ学生が増えていった。人は、知識がないと関わること、介入することを不安に感じる。そして、手を出さないようになってしまい、深く関わらないような支援を探してしまう。自分に支援の引き出しがなければ、安全な選択肢で、時に当事者が一番に望んでいる生活にはつながらない方法を選んでしまうこともある。「実態を知る」ことも、立派な「行動」である。それから何ができるのかを考え、できることからやればよい。他章では、各現場の専門家が紹介する実情や実践が紹介される。それらの情報や知見は、外国人とともに生きるためのサポートとして何ができるのか、につながる一歩になるのではないだろうか。

◉注 --
1）「不法滞在」も使用されるが、「不法」という語は、在留資格を失うに至る状況からは必ずしもあてはまらないとの声もあり、支援関係者の間では「超過滞在」「非正規滞在」が使用されることが多い。
2）2019年12月27日BBCホームページ閲覧。

◉文献 --
BBCホームページ　https://www.bbc.com/news/av/world-asia-49448757/migrant-workers-exploited-in-japan
International Organization for Migration（2019）*Migration data portal: The bigger picture*. https://migrationdataportal.org/data?i=stock_abs_&t=2000
国立社会保障・人口問題研究所（2017）「日本の将来推計人口（平成29年推計）」 http://www.ipss.go.jp/pp-zenkoku/j/zenkoku2017/pp_zenkoku2017.asp
国際連合広報センター（2019）　https://www.unic.or.jp/news_press/info/34768/
日本社会福祉士会（2018）「滞日外国人支援基礎力習得のためのガイドブック」日本社会福

祉士会

United Nations（2018）*Global Compact for Safe, Orderly and Regular Migration.*

出入国在留管理庁　http://www.immi-moj.go.jp/tetuduki/kanri/qaq5.html

矢作大祐・神尾篤史（2019）「グローバリゼーションとポピュリスト」大和総研　https://www.dir.co.jp/report/research/policy-analysis/human-society/20190925_021049.pdf#search=%27%E3%83%9D%E3%83%94%E3%83%A5%E3%83%AA%E3%82%BA%E3%83%A0+%E5%8F%B0%E9%A0%AD+%E4%B8%96%E7%95%8C%27

ランスタッド・エヌ・ヴィー（2019）「労働者意識に関するグローバル調査ランスタッド・ワークモニター2019年 第3四半期」　https://hub.randstad.co.jp/20191031?_ga=2.90403161.2133052710.1584405294-1878203431.1584405294

法務省（2019）「在留外国人統計」　http://www.moj.go.jp/housei/toukei/toukei_ichiran_touroku.html

法務省（2021）「令和3年6月末現在における在留外国人数について」https://www.moj.go.jp/isa/publications/press/13_00017.html

第 1 章

移住外国人をめぐる法的な状況、実態と課題

青柳りつ子

外国人をめぐる法的な状況：専門家相談コーディネーターの視点から

　筆者は、行政書士・社会福祉士として、外国人向けの相談センターでコーディネーターや相談員を務めている。そのなかで、在留資格や出入国在留管理局（以下、入管）の手続きを中心とした相談と生活相談に携わってきた。また、NPOで実施している専門家相談会では、弁護士や精神科医、教育専門家などと連携して、相談のコーディネートも行っている。こうした外国人向けの相談事業の現場から、外国人の法的な立場や状況を中心にお伝えしたい。また、外国人の法的な支援で重要なポイント、そして誰でも外国人の法的な支援のサポーターとなれることなどを知ってもらえればと思う。

1. 外国人特有の法的な問題とは

　日本に住む外国人が法的な問題を抱える場合とは、どんな場面だろうか。すべての外国人が直面するのが、法的地位＝在留資格（一般的にはビザと呼ばれている）の問題である。例外[1]はあるが、ほとんどの外国人は日本の入管法で定められているいずれかに当てはまる活動や身分を理由とした在留資格をもつこととされている。法務省出入国在留管理庁によって在留資格が許可され、そこで初めて適法に日本に在留することができる。初めに来日したときは空港などのイミグレーションで在留資格が付与される。

　在留資格の手続きが必要なタイミングは、来日や帰国をするとき、日本で生まれたとき、在留期限を更新するとき、在留資格を変更するときなどで、入管で手続きをする。この原稿を書いている2020年7月現在、世界的に新型コロナウイルスの感染により、各国が入国を制限したり入国後の行動制限を設けている。そのため、日本から自分の国に帰国したい外国人や海外から来日を予定していた人にとって、在留期限は大きな影響を及ぼしている。永住者以外の在留資格には在留期限が定められているため、在留期限までに何の手続きもせずに過ぎた状態にある外国人は違法の状態となってしまうからだ。現在、入管で

は日本にすでに滞在している短期滞在者を含めた外国人に在留期限を更新する
タイミングを猶予したり在留期限を特別に延長するなど、そのときの個々の状
況によって柔軟な対応をしている。

　日本に滞在する外国人にとって上記以外の法的な問題は、労働問題や離婚、
DV、不動産トラブルなどがあるが、日本に住む日本人と変わらず法が適用される
場合がほとんどである。ただし、これらの法的な問題の背景に在留資格が影響を
及ぼしているケースが多く、そうした点で外国人にとっての法的な問題の対応の
複雑さがある。さらに、法的な問題を相談するときの言葉の壁や習慣により、
外国人自身が情報を得て正確に理解することにハードルが存在することがある。

　こうした外国人特有の法的な問題に対応する複雑さと難しさについて述べな
がら、法的な問題に気づき、専門的な相談にまでつなげる方法を説明する。

（1）外国人にとっての在留資格の重要性

　序章では外国人の在留資格のルールについて説明があったが、ではなぜ、外
国人にとって在留資格が重要なのだろうか。日本国籍をもつ人にとっては「日
本に滞在する」ということ自体を阻むものはなく、ごく当たり前のように日本
に住むことができる。転職をするのも法律的に制限されず、海外に滞在して日
本に帰国するときに入国を拒否される心配はない。しかし、日本国籍をもたな
い人、つまり外国人にとっては、これらのことが当たり前のようにはいかない。
というのも、日本の入管法[2]に「本邦に在留する外国人は（略）在留資格をも
つて在留するものとする」と規定されているからだ。入管法以外にも外国人が
日本に在留するための法的な地位が存在する。1つは日本に戦前から日本に住
んでいる在日コリアン等とその子孫らについて定める特例法[3]によって特別
永住者という法的な地位である。もう1つは日米地位協定[4]による米軍や軍属、
家族などである。特別永住者については入管法とは別のルールのなかで運用さ
れているものの、日本に永住するための法的地位なので、入管法でいう在留資
格に加えて説明されることが多い。

　外国人にとって欠かすことのできない在留資格や法的地位は、それぞれもっ

ている在留資格などによって在留できる根拠となるものや活動の制限が変わる。それらを在留が許可される根拠別に以下にまとめた（表1-1）。

表1-1　在留資格の種類と入管法の規定

在留の根拠	在留資格	在留期限	制限
就労活動	外交、公用、教授、芸術、宗教、報道、高度専門職1号、経営・管理、法律・会計業務、医療、研究、教育、技術・人文知識・国際業務、企業内転勤、介護、興行、技能、特定技能1号・2号、技能実習1号・2号・3号	期限あり	活動制限あり
就労活動	高度専門職2号	無期限	活動制限あり
各活動	文化活動、短期滞在、留学、研修、家族滞在	期限あり	活動制限あり
個別の許可	特定活動	期限あり	活動制限あり
婚姻や親子関係に基づく身分、個別の許可	日本人の配偶者等、永住者の配偶者等、定住者	期限あり	活動に制限はないが、一定の身分条件（日本人や永住者と婚姻している等）が必要
永住の許可	永住者、特別永住者	無期限	制限なし

出典：筆者作成

　日本に在留する外国人は、これらいずれかの法的な地位をもって在留することが定められている（在留資格や在留期限の確認方法は序章の21〜23頁参照）。どれにも当てはまらない場合は、日本に適法に在留することができない。すでに日本にいるけれど、何も手続きをせずに在留期限が過ぎている状態、いわゆるオーバーステイの場合は日本から退去を命令される対象となる。また、在留期限は過ぎていないけれど、就労活動を基盤とする在留資格の人が職を失った場合や、婚姻に基づく身分の人が日本人と離婚した場合なども在留の基盤を失うことになり、そのまま在留期限の更新や変更ができないと日本に在留できないことになる。

　こうした理由で、外国人にとって日本人や永住者と結婚しているか、仕事ができるかできないかということは、日本に在留するうえでの基盤となり、それが在留資格の許可に直結している。日本に在留するための中長期的な在留資格があることによって住民登録をすることができる。それが、健康保険や行政サービスの利用にもつながる。在留資格は、生活をするうえでとても重要な役割をもつ。

（2）在留資格が外国人の抱える問題を複雑化しやすくする

　私がさまざまな立場の外国人やその家族、外国人を雇用する企業らから相談を受けるなかでみえた、在留資格が影響を及ぼす主な法的な問題の相談分野を図にした（図1-1）。ここからは、各問題について外国人特有の問題がどこにあるのかを解説する。

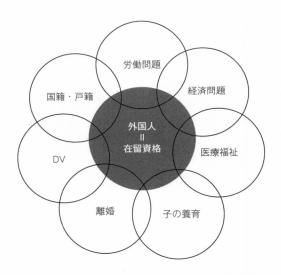

図1-1　在留資格に関連する外国人の法律相談分野
出典：筆者作成

①労働問題

　表1-1に在留の根拠を「就労活動」としている在留資格がある。これに当てはまる在留資格をもつ人は、できる仕事の内容に制限がある。

　外国人の労働問題として多いのが、残業代の未払いが発生していた、本人も承知のうえで在留資格で決められた範囲以外の仕事をしてしまう、といった問題である。特に技能実習生は自由な転職ができず、一般的には低賃金で就労をしていて言葉の壁もある。多くの実習生は来日前に借金をしていることから、

悪い環境にもかかわらず解雇を恐れて我慢して働かざるを得なくなり、労働者としての立場が非常に弱くなる。このような立場では、労働問題やパワハラや暴力などが発生しやすい。さらに、技能実習法[5]違反や労働問題を隠そうとする会社や監理団体が、本人の意思に反して強制的に帰国させる事例も多く報告されている。

　労働問題が起きるのは、就労活動を基盤にしている外国人だけとは限らない。経済的に無理をして来日した留学生が、資格外活動[6]で許可された週28時間の制限を継続的に超えてアルバイトをするケースがある。入管法の違反になるため、その後の進級や就職の際にマイナスの影響を及ぼし、問題となる。

②経済問題

　表1-1のなかで「活動制限あり」となっている在留資格をもつ人のなかでも、就労の在留資格をもつ人が失業した場合は、受給要件が整えば失業保険を受けながら就職活動を行うことができる。ただし、上記にも述べたように3か月以内に現在もっている在留資格の範囲内の仕事を探すか、別の在留資格への変更をしなければ在留資格取り消しの対象となるため、気を付けなければならない。失業後3か月以内に在留期限がきてしまう場合は、更新申請をするための根拠となる仕事がなければ、更新の申請自体ができない。

　では、日本の国民を対象としている生活保護法[7]については外国人の場合は対象となるのだろうか。表1-1の「婚姻や親子関係に基づく身分、個別の許可」と「永住の許可」のカテゴリーの人については就労の制限がないが、困窮に至る場合については生活保護法が準用[8]され、措置としてなされる。永住者や日本人の配偶者等、定住者（難民認定者を含む）の在留資格をもつ人については生活保護を受給できる可能性がある。このようなケースで生活保護を受給している人の在留資格の更新は、許可される年数が短縮されるが、在留資格自体の許可はされることが多い。ただし、生活保護を受給していると永住の許可の要件である、「独立の生計を営むに足りる資産又は技能を有すること」という項目をクリアできず、ほとんどのケースで永住は許可されない。

③DV被害

外国人にとって、配偶者からのDV（家庭内暴力）は、心身への影響のみならず在留資格にも影響を及ぼす問題となる場合がある。例えば「日本人の配偶者等」という在留資格の場合、法的に婚姻して原則的に同居して夫婦生活を行うことを条件として許可される。そのため別居すると、「日本人の配偶者等」としての活動を行っていないとみなされる可能性がある。こうした在留資格に及ぼす影響を知りながら、強い立場を利用してDVが行われることもあり、DV被害者側が在留資格を失うことを不安に思って、どこにも相談ができないことがある。まずは身の安全を第一に考えながらその場に合った適正な法的アドバイスと支援が必要である。

在留資格の更新については、法務省からの通知[9]により慎重な在留審査がなされることとされている。一方でDVの問題と場合によっては離婚の問題、子どもの親権や養育の問題も絡む、専門的な支援が必要な問題となる。

④離婚

在留資格「日本人の配偶者等」や「永住者の配偶者等」の人には就労の制限がない。そのため、どんな仕事をしてもよい。ただし、これらの配偶者が離婚をすると在留資格の基盤を失う。基盤となっている日本人や永住者が亡くなったときも同様である。こうした場合、原則、6か月以上経過すると在留資格の取り消しの対象となる[10]。6か月以内に別の日本人と結婚するなど、同様の活動を行うことがない限り、別の在留資格への変更をするか帰国する必要がある。

離婚のときに外国人特有の問題となるのが、どの法律に従ってどこで手続きや裁判をするかということである。夫婦の一方が日本人で日本に住んでいて両者の合意がある場合は、日本で協議離婚をすることが可能である。ただし、外国人側の国が裁判による離婚しか認めていなかったり、裁判となったりする場合、そして外国人同士の場合などでは、適用する法律はどこなのかを検討をする必要がある。

一方、永住者や特別永住者はその人自身に付与された法的地位のため、離婚

をしても在留資格には影響しないが、どの法律を適用してどの形式で離婚をするかは、法的な検討が必要な問題となる。

⑤子の養育

　日本人の配偶者である外国人が離婚をして、日本人の実の子ども（日本国籍、外国籍問わず）の親権をもって養育、監護している場合には在留資格「定住者」への変更が許可される可能性が高い[11]。そのほか、夫婦とも外国人であって、一方が永住者や定住者の場合でも、外国籍の子を養育、監護する目的で定住者に変更できる可能性はあり、入管によりケースバイケースで審査される。明確な許可の基準はないが、それまでの在留期間や日本での経済的な安定性が重要なポイントとなるとみられる。

　離婚に伴う養育費については、日本人と同様に調停や裁判を経て決定する方法がある。

⑥国籍・戸籍

　婚姻している夫婦の一方が日本人の場合、その間に生まれた子が日本で出生すれば日本国籍を取得する。しかし、本当の父親が日本人だけれど婚姻はしておらず、認知もされていない子は出生届を提出しても日本の国籍を取得できない。この場合、日本国籍を取得するには、任意、または裁判を通して強制的に認知をしてもらい、届出をする必要がある。

　親が日本人であっても、海外で生まれてその国の国籍も取得した場合は、注意が必要だ。生まれた日から3か月以内に在外日本大使館や領事館などに出生の届出を提出することに加えて、日本国籍を留保する意思表示（国籍留保の届出）をしなければ、その子は出生のときにさかのぼって日本国籍を失うこととされる。親が国籍留保の届出をしなかったり、届出が遅れたりした場合、親は日本国籍であっても子は外国籍となる。こうしたケースで多いのが日系人である。こうした場合、国籍は違っても親子であるという関係に変わりはない。そのため、日本人の実の子として日本に在留する資格「日本人の配偶者等」の要

件に当てはまる。

　なお、たまに日本に住む外国人夫婦から「日本で出生した子は日本国籍を取得できる、と聞いた」という相談を受ける。しかし、これは誤りである。日本の役所で出生届を提出した後、日本にあるその国の大使館や領事館に出生の手続きをして外国籍を取得するのが一般的な手続きの流れである。

⑦医療・福祉

　外国人の在留資格の状況は、医療と福祉の問題に直結する。例えば、オーバーステイなどの非正規滞在の人は、国民健康保険に加入できない。ただし、一部の医療機関で無料定額診療を受けることができる場合がある。また、非正規滞在者であっても、感染症の予防や治療、予防接種を受けることができるかは自治体の判断に委ねられている。

　他にも、国民健康保険に加入ができない在留資格として医療ツーリズムで来日したケースがある。ただそもそも国民健康保険に加入しないことを前提に身元保証機関を立てて一定の経済力を有するものとされているため、あまり問題にはならない。観光や親族訪問で一時的に来日する短期滞在者は、国民健康保険の対象ではなく、プライベートの保険にも入っていない場合は突発的な病気やけがで治療・入院をする必要が発生したとき多額の治療費がかかる場合がある。観光や親族訪問で来日した短期滞在者が新型コロナ感染症の影響で帰国できずに、入管で在留期間の延長は許可されたものの、短期滞在の在留資格のために国民健康保険に入ることができないケースが発生している。

　貧困や児童虐待についても、外国人の場合、その背景に在留資格の問題がひそんでいることがある。例として、外国人児童が養護施設で養育されるなか、在留期限の更新申請を行っていないことが後から判明したことがあった。入管に在留特別許可[12]を願い出たが、もし在留特別許可が下りなければ、日本での在留はできず、母国に帰国しなければならない。だが、親と距離を置いて育った外国籍の子が、なじみのない母国に帰国することを余儀なくされれば、その子の福祉に多大な影響が及ぶ。

（3）在留資格に影響しない法的な問題もある

　以上、在留資格に影響を及ぼす可能性がある問題について法的観点から記述
したが、すべての問題が在留資格に影響を及ぼすわけではない。在留資格が絡
まない相談については、解決方法は基本的に日本に住む日本人の場合と変わら
ない。例えば、労働問題や不動産トラブル、交通事故、損害賠償を支払うこと
になった、などである。こうしたトラブルについては、言葉の問題があったと
しても、通訳を入れることができれば各専門家が法的な対応ができるだろう。
ただ、日本に住む外国籍人同士の離婚など身分に関する問題は、日本の裁判所
で手続きができるとしても適用する法律がいずれかの出身国や州のものを採用
とすることがある。そのため、外国人特有の対応が必要となる。

（4）在留資格別の具体例

①日本人と結婚している外国人の場合
　在留資格「日本人の配偶者等」をもっている人が在留資格を許可される要件
は日本人と法的に婚姻して原則、同居して婚姻生活をしていることである。そ
のため、離婚や配偶者からの暴力によって同居ができなくなると在留資格の問
題に直面する。表1-1の中心にある在留資格の問題は、離婚やDVからも影響
を与えるが、離婚することによって日本人の子を監護・養育することになると、
自身の在留資格を「定住者」に変更が認められる可能性がある。DVから逃れ
るために避難しているために離婚手続きができないまま別の男性との間に子が
できた場合は、出生届をすればその時点では法律上は夫の子となる。そのため、
届出を行っていないと子の国籍や戸籍の問題が生じ、それにより子の在留資格
が取得できずにいるケースがある。

②就労活動の在留資格で働く外国人の場合
　会社に雇われて仕事をしたり会社を経営するなど就労することで許可される
在留資格の人は、仕事を失うことで日本での在留の根拠も失うことになる。そ

のため、表1-1にある労働問題が経済的な問題だけでなく、在留資格にも影響を及ぼすことになる。また、病気をして退職して、そのまま仕事ができずにいれば在留資格に影響を及ぼすことになる。では、少しの期間でも仕事をしない期間があってはいけないのかというと、猶予期間がある。入管法の規定[13]では、就労活動の在留資格の人が3か月以上（高度専門職の人は6か月）継続して就労活動を正当な理由なく行わない場合は取り消し対象となる。逆に言うと3か月以内に転職先を見つけることができればまた就労活動をして法的に在留できることになる。ここで気を付けなければならないのは、転職先の職種が現在付与されている在留資格の活動の範囲内でなければならないことだ。もし別の在留資格の活動などを始めるなら変更申請が必要となる。

③留学生の場合

　留学生は原則、仕事をすることができない。しかし、近年コンビニや飲食店で海外出身の人が仕事をしているのを見かけるという人は多いだろう。こうした外国人の多くは、留学生で資格外活動許可を得てアルバイトをしている。留学生はこの資格外活動許可により、週28時間（夏休みなどの長期休業期間は1日8時間以内）働くことができる。しかし、決められた時間を超えてアルバイトをしていると、違反となり在留資格を失うことにつながる。決められた時間を超えて就労をしていたり、学校の出席率が悪かったりしたことが要因で、卒業後の就労の在留資格への変更の許可が下りないこともある。まずは留学生自身がアルバイトの時間数や本来的な目的である勉強に励むように気を付けなければならない。

④在留資格がない人の場合

　外出中に警察官などに在留カードを提示するよう求められた場合、在留資格を確認されて、オーバーステイであることが判明したら、原則はそのまま入管に収容される。外国人自身の居場所が常に不安定な状況におかれているということだ。小さい子を監護していたり自身が病気だったりする場合は、仮放免の

許可が下りて行動制限がついて収容が解かれることがあるが、在留資格がない状態のため、就労することはできず経済的な問題が発生する。また、公的な健康保険に入ることができず（一部例外あり）病気になったときには、困難な状況となる。日本人や永住者と法的に婚姻して日本での在留を希望する場合には、再び在留資格を得るための在留特別許可[14] を入管に願い出る手続きがある。それでも、許可が出るまでは就労ができないため、家族や周囲のサポートが重要となる。

(5) 法的支援につながった具体的事例

　日本人の夫と結婚して6年前に来日した外国人女性のAさんは、半年ほど前から夫が暴言を吐いたり、頭を手でたたくなどするため、離婚を考えるようになった。日本国籍をもつ子どもは4歳で幼稚園に通っている。離婚について悩んでいても、仲の良いママ友がおらず、週に1回通っている地域の日本語教室でいつも日本語を教えてくれるボランティアのBさんに相談してみることにした。

　Bさんは、まずはAさんの胸の内をじっくりと聞いた。BさんはAさんが外国人であることから在留資格の問題が生じるのではないか？　また、離婚の手続きが難しいのではないか？　と考え、県の国際交流協会にある外国人相談窓口に一緒に相談することにした。国際交流協会の相談員から、「毎週無料で開催されている行政書士が行う外国人相談の予約を取ってはどうか？」と勧められ、行政書士に通訳を入れて相談をすることになった。

　行政書士との相談で、Aさんは離婚の手続きの方法や自分の在留資格の問題を知ることができた。また、心配だった子どもの養育に関してもアドバイスをもらい、今すぐ離婚をするのではなく、きちんと準備を整えて子どもを引き取って暮らすことを計画して離婚をすることにした。

　ボランティアのBさんが国際交流協会の窓口に一緒に相談してくれ、そこから通訳を入れて行政書士に相談することができたため、AさんはBさんの助けに感謝し、今後、日本で働きながら子どもと暮らすことを新たな目標とすることができた。

2. 法的な問題の相談はどうすればよいのか

　以上の説明であげたような問題は、すべて法律が関係する問題である。その
ため、正しい知識に基づいて解決を図る必要がある。筆者は専門家として外国
人相談に長く携わっているが、相談を受けて困るケースがある。それは、相談
者が知人から聞いた話やSNSで得た情報を前提に相談してくる場合である。
例えば、「友人は私と全く同じ状況で入管のビザが下りたのに自分は下りないの
はおかしいのではないか？」や、「永住の在留資格がなくなると聞いたけど本当
か？」といった話である。永住がなくなるのではないか、という相談は、2012
年の入管法の改正時に多く相談され、そのような予定はないと伝えるものの、
なかなか信じてくれない相談者もいた。そもそも、在留状況は同じように見え
ても人によって許可された経緯が異なる。どのような書類を実際に入管に出し
たのか、そして実態に即したものだったのかは相談だけではわかり得ない。

　法的な支援で重要なのは、正確な情報を得られる相談先につなぐ、というこ
とではないだろうか。外国人自身の知人やコミュニティで得た情報は、母語で
伝わるためすべて正しく感じられるかもしれないが、間違った情報が混じって
いたり、個々人のケースによって判断が分かれたりする問題もあるということ
を気に留めていただければと思う。以下に、法律的な相談を行うことができる
公的機関と専門家の相談先の一部を記載する（表1-2）。

（1）公的機関と役割

表1-2　法的な問題の相談先

相談先	電話番号	扱っている内容
出入国在留管理庁　インフォメーションセンター	0570-013904	在留手続きに関する相談
法テラス　多言語情報提供サービス	0570-078377 英語、中国語、韓国語、ベトナム語、タガログ語、スペイン語、ポルトガル語、タイ語、ネパール語	法律問題全般
外国人労働者向け相談ダイヤル	0570－001701（英語） 他、中国語、ポルトガル語、スペイン語、タガログ語、ベトナム語、ミャンマー語、ネパール語	労働問題全般
東京都配偶者暴力相談支援センター	03-5467-2455	配偶者からの暴力

出典：筆者作成

(2) 相談・連携可能な法律問題の専門家

　法律問題を相談する専門家として、まず思い浮かべるのが弁護士かもしれない。実は、その他にも相談できる専門家がいる。例えば胃が痛いときに、内科や胃腸科を受診することを思いつくだろう。それと同じように、法的な問題についても専門家が分かれている。在留資格のことであれば弁護士や行政書士、税金のことなら税理士、相続手続きなら弁護士や司法書士といったように、各専門家が専門とする分野がある。以下に法律問題ごとに相談する専門家を挙げるが、これは一例であって他の専門家でも可能なこともある（表1-3）。

表1-3　法的な問題に対応する専門家

法的な問題	相談先	
	公的機関	専門家
在留資格・入管の手続き	出入国管理庁	弁護士、行政書士
離婚	市区町村役場、家庭裁判所	弁護士
DV	女性センター	弁護士
子どもの虐待	児童相談所	弁護士
会社設立	法務局	司法書士、弁護士
労働問題	労働基準監督署	弁護士、社会保険労務士
相続	法務局	弁護士、司法書士、行政書士
税金	税務署	税理士
成年後見	家庭裁判所	弁護士、社会福祉士、司法書士、行政書士

出典：筆者作成

(3) 公的機関や専門家につなぐときのポイント

　法的な問題を抱えて公的機関や専門家に相談したいと思ったとき、日本に長く住む日本人でさえすぐに適切な相談先につながることができないことも多いだろう。そんなときは、知り合いに紹介してもらったりインターネットで探したりすることが一般的だ。それは外国人にとっても同様だが、言葉の壁や日本の社会システムに慣れていない人にとっては、さらにハードルが高いものとなる。先の事例にあったように、外国人が1人で相談先を探すことは難しい。自然な流れとして、まずは身近な人に相談して、そこから公的機関や専門家につ

ながり、正しい情報と適切な支援を受ける道筋をつけることができれば本人は安心だろう。この道筋をつけることは、日本に長く暮らしている人であれば難しいことではないかもしれないが、外国人特有の課題があるケースでは、以下のポイントを知っておくとより適切なサポートができるだろう。

①通訳者は誰でもよいわけではない

　外国人の相談と聞くと、まず思い浮かべるのは言葉のハードルだろう。公的機関や専門家のなかには、全部とは言えないものの、外国語で対応しているところはある。市役所の手続きの際、通訳を依頼できたり専門家が外国語を話すことができたりする場合もあるだろう。ただ、通訳を探す必要があるケースも多く、特にマイナー言語ではなかなか見つからないことがある。筆者がコーディネーターを務める専門家相談会では、ネットワークのなかから通訳者を探すが、その際、気を付けているポイントがある。それは、相談の内容によって相談者が相談をしにくい状況になり得るということだ。例えば、離婚や子の養育など家庭内の問題については子どもが通訳を務めるのは適切ではないケースがほとんどだ。子どもが直接知りたくない情報を知ってしまう機会となったり、それを訳すことによってさらに心に影響を及ぼす可能性がある。また、国によってはカースト制度や宗派、民族、所属コミュニティなどによって立場が明確に分かれていることがある。異なる立場の間で、相談者と通訳者の関係が問題なく成立するのか、特に難民申請中などの場合には配慮が必要となるかもしれない。DV相談の場合については、性的な被害があったり相手の性への恐怖心があることがある。そのため、あらかじめ相談者の希望を聞いておくのも1つの方法だ。

②専門家にとっての外国人相談

　専門家というとその分野でのプロではあるが、最初からその分野に詳しい専門家はいない。特に、外国人相談の分野では、在留資格に関する知識が必要であったり、通訳者を介しての相談、各国の法律や事情など、特殊な面がある。

特に入管法に関するルールは近年、変更されることが多く複雑化していて、日々、情報を追いかけて実務を行う必要がある。こうしたなか、外国人からの相談を敬遠したり躊躇する専門家もいる。通訳者が見つからなかったり、金銭的な面で折り合いがつかないこともあるだろう。通訳者を介すと相談時間はおのずと2倍になり、また在留資格や各国の事情を検討することになると専門家はさらに労力がかかる案件と考えるかもしれない。

　外国人自身にとっても、初めから弁護士事務所を探して相談するのはハードルがあるだろう。だれに相談してよいかわからないときは、外国人相談の窓口を設けている公的機関や国際交流協会、弁護士会や各団体が提供する無料法律相談などを積極的に活用するとよいだろう。

③支援者は独りで抱え込まない

　法的な支援を必要としている外国人に寄り添って支援をすることは素晴らしいことだ。ただ、どうしても超えられない法律の壁が存在することがある。例えば、日本での在留が許可されず、本国に帰らなければならないケースもあるだろう。こうした場合でも、「外国人自身にとって信頼のできる人に相談ができたか」ということはその後、本人が生きていくうえで前向きになれるきっかけとなり得る。専門家相談のコーディネーターとして相談者を見ていると、相談に来たときには不安でいっぱいの表情だったのが、相談が終わったときには明るい顔になっていることがよくある。その間、その人の状況は全く変わっていないにもかかわらず、である。人は、何が起きているのかわからないことに大きな不安を抱く。それが言葉の壁があり情報が得づらい外国にいては、より不安感は増すだろう。そうしたなか、自分のおかれた状況を整理することができ、どのような方向に進んでいきたいのか自分で決めることができたら、それだけで霧が晴れたようになるかもしれない。

　相談の現場では、外国人が日本語をうまく話せないために、判断ができない人と思われ、周囲が勝手に話を進めている状況を目の当たりにすることがある。しかし日本語が話せないことと本人が決めることができないことは全く異なる

課題である。法的な問題の対処に困っている外国人に情報提供をしたり、支援する側になったとき、本人の意見に耳を傾けながら、正確な情報や知識を得ることができる相談先とつながることが必要だろう。

④費用はどのように工面するのか

　経済的な資力が低い相談者は法テラスの援助を利用することが可能だ。法テラス（正式名称は日本司法支援センター）とは、法的なトラブルを相談、解決するための法的な支援を受けることができる国が設立した機関である。例えば弁護士に相談をしたいとき、相談料と通訳料は法テラスが負担してくれるため外国人本人は無料となる。その後、引き続き弁護士に法的な業務を依頼する場合は、法テラスに費用の立て替えをしてもらい分割で返済する制度を使える可能性がある。法テラスの利用には資力の要件があるため、それを証明する書類などが必要となる。

　こうした公的な制度の他、教会や知り合いにカンパをしてもらうケースや、同国人のコミュニティのなかで募金を集めたり社会に訴えて一般的に寄付を募ったりするケースなどがある。

3. 法的支援の現場から：専門家相談コーディネーターとして

（1）複雑化する相談内容

　近年は、法テラスの多言語情報サービス[15]に寄せられる相談件数は増えている。2013年は729件だった相談は、2018年には3949件となっている[16]。増加には多言語情報サービスが周知されてきた影響もあるだろうが、それだけのニーズがあることがわかる。問い合わせ分野の内訳は多岐にわたっている（図1-2）。日本で生活をするうえで家族の関係が変化したり、職場でパワハラや残業未払い等が発生していることは相談の現場でよく聞く。そうした問題を日本で解決するためには第一のステップとして知識を身に付ける必要があるが、そ

こで言葉の壁があると前に進むことが困難となる。適切な通訳を介して正しい情報を得て初めて解決に向けて進むことができる。法テラスでは、資力の要件をクリアすれば弁護士などの無料相談に通訳も無料で付けることができる。

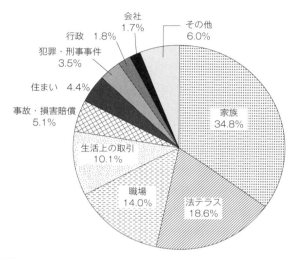

（注）問合せ分野（会社）とは、会社の設立等に関連する問合せである。

図1-2　平成30年度多言語情報提供サービス問合せ分野別内訳
出典：「法テラス白書　平成30年度版」日本司法支援センター（法テラス）編著、49頁

（2）専門家の実状

　筆者は行政書士、社会福祉士として外国人の相談に対応すると同時に、専門家相談のコーディネーターをしているが、そこで関わる弁護士や行政書士、医療・福祉関係者、通訳者、支援者らが困っている外国人を助けようと奮闘する姿を目の当たりにするたびに頭が下がる思いである。継続して外国人相談に携わることができているのも、そうした「仲間」の存在が大きい。行きづまったとき、自分が専門としない分野の専門家に相談することで、相談対応のヒントをもらい、学ぶことがある。外国人相談の現場では、外国人が抱える多種多様

な問題がまとめて持ち込まれることが多く、そこが一般的な専門家相談と異なる点であるかもしれない。このような外国人相談の現場では、専門家は他の分野の問題についてもどのように解決への道筋を立てればよいのか、自身の専門分野から一歩踏み出してアドバイスするケースも多い。外国人を中心とした視点で問題をとらえ、おのずと他分野の専門家や通訳者とのつながりをもつことになるため、横のつながりを大切にする専門家が多いように思う。

　通訳を介したり、在留資格が絡んだ問題となると専門家にとってはその労力は倍か、それ以上必要となるケースが多いのも外国人相談の特徴である。そのため、「仕事」として取り組む専門家としては正直効率が悪い業務と考えるのも一方では致し方ないと思う。理想を言えば、より多くの専門家が一歩ずつ踏み出して外国人からの相談に応えることができるようになれば、外国人と専門家の両者にとってよりよい環境となるのはないかと考える。

　移民政策を取っている他国と比べるとまだ日本は外国人の数自体は少ないが、今後も外国人労働者なしには日本の経済は成り立たない。そのためには外国人の生活を含めた法的な支援をスムーズにすることは日本にともに暮らす人々にとってもより良いはずである。

(3) 今後、どのような変化が期待されるか

　たまに、何年も前に書かれた多文化共生や外国人相談事業に関する記述を目にすることがあるが、残念ながら10年前と比べて改善されたことが実感できないのが現状だ。この10年で技能実習生や留学生が増え続け、法整備がされたにもかかわらず労働問題は増えている。技能実習機構の母国語相談センターでコーディネーターを務めた経験から、母国語相談センターに相談が寄せられるのも氷山の一角であり、マスコミでニュースに取り上げられるケースはさらに氷山の一角であるという印象を受ける。来日する外国人の母語は多岐にわたり、相談現場で通訳や相談員を確保するのが困難となることがある。

　この原稿を書いている2020年7月現在は、コロナウイルスの感染拡大により、外国人の入国がいまだかつてない規模で制限されたことにより、就労や留

学目的で来日を予定していた外国人が来日できいケースが発生している。例えば農業の技術を身に付ける目的とする技能実習生の多くは3〜5年を予定して来日し、人が入れ替わる。そのタイミングが今回のような出入国の制限と重なると、労働力として考えていた雇用主にとって大きな痛手となる。しかし、技能実習生は本来的な目的は本国への技術移転である。今回のような惨禍があり、本音と建前にひずみが出た形となった。日本の労働力不足を補う目的で外国人を呼び寄せる特定技能についてはそうした「ずれ」を解消する点がある制度だが、複雑で呼び寄せ側、来日側とも大きな労力が必要となることが影響して、採用が進んでいないのが現状である。こうした制度の甘さは立場の弱い外国人にしわ寄せとなって降りかかること多く、相談の現場でやり切れない思いになることがある。

　法的な支援をする立場として今後について考えると、外国人が法的支援にアクセスしやすい環境がさらに必要だと考える。制度上、外国人には在留資格などの法的な地位が影響することもあるが、手遅れとならないよう適切な専門機関や専門家につながるようになればよいと思う。そのためには、外国人が助けを求めるサインを出したときに周囲の人が少しずつ手を差し伸べることで解決への一歩につながるものと思う。

●注 --
1) 在日コリアンや在日米軍と関連する人たちは別の法律で日本での在留について定められている。
2) 出入国管理及び難民認定法。
第二条の二　第1項　本邦に在留する外国人は、出入国管理及び難民認定法及び他の法律に特別の規定がある場合を除き、それぞれ、当該外国人に対する上陸許可若しくは当該外国人の取得に係る在留資格（高度専門職の在留資格にあつては別表第一の二の表の高度専門職の項の下欄に掲げる第一号イからハまで又は第二号の区分を含み、技能実習の在留資格にあつては同表の技能実習の項の下欄に掲げる第一号イ若しくはロ又は第二号イ若しくはロの区分を含む。以下同じ。）又はそれらの変更に係る在留資格をもつて在留するものとする。
3) 日本国との平和条約に基づき日本の国籍を離脱した者等の出入国管理に関する特例法。
4) 日本国とアメリカ合衆国との間の相互協力及び安全保障条約第六条に基づく施設及び区

域並びに日本国における合衆国軍隊の地位に関する協定。

5) 外国人の技能実習の適正な実施及び技能実習生の保護に関する法律。

6) 出入国管理及び難民認定法第19条第2項

法務大臣は、別表第一の上欄の在留資格をもつて在留する者から、法務省令で定める手続により、当該在留資格に応じ同表の下欄に掲げる活動の遂行を阻害しない範囲内で当該活動に属しない収入を伴う事業を運営する活動又は報酬を受ける活動を行うことを希望する旨の申請があつた場合において、相当と認めるときは、これを許可することができる。この場合において、法務大臣は、当該許可に必要な条件を付することができる。

出入国管理及び難民認定法施行規則　第19条5項第1号

法第十九条第二項の規定により条件を付して新たに許可する活動の内容は、次の各号のいずれかによるものとする。

一週について二十八時間以内（留学の在留資格をもつて在留する者については、在籍する教育機関が学則で定める長期休業期間にあるときは、一日について八時間以内）の収入を伴う事業を運営する活動又は報酬を受ける活動（風俗営業若しくは店舗型性風俗特殊営業が営まれている営業所において行うもの又は無店舗型性風俗特殊営業、映像送信型性風俗特殊営業、店舗型電話異性紹介営業若しくは無店舗型電話異性紹介営業に従事するものを除き、留学の在留資格をもつて在留する者については教育機関に在籍している間に行うものに限る。）。

7) 生活保護法　第一条

この法律は、日本国憲法第二十五条に規定する理念に基き、国が生活に困窮するすべての国民に対し、その困窮の程度に応じ、必要な保護を行い、その最低限度の生活を保障するとともに、その自立を助長することを目的とする。

8) 昭和29年5月8日　各都道府県知事あて厚生省社会局長通知「生活に困窮する外国人に対する生活保護の措置について」。

9) 平成20年7月10日　法務省入国管理局長　「配偶者からの暴力の防止及び被害者の保護に関する法律」及び「配偶者からの暴力の防止及び被害者の保護のための施策に関する基本的な方針」に係る在留審査及び退去強制手続に関する措置について（通達）。

10) 出入国管理及び難民認定法　第22条の4　第1項　六号

別表第一の上欄の在留資格をもつて在留する者が、当該在留資格に応じ同表の下欄に掲げる活動を継続して三月（高度専門職の在留資格（別表第一の二の表の高度専門職の項の下欄第二号に係るものに限る。）をもつて在留する者にあつては、六月）以上行わないで在留していること（当該活動を行わないで在留していることにつき正当な理由がある場合を除く。）。

11) 平成8年7月30日　法務省入管管理局　日本人の実子を扶養する外国人親の取扱について（通称730通達）。

12) 出入国管理及び難民認定法　第50条　第1項

法務大臣は、前条第三項の裁決に当たつて、異議の申出が理由がないと認める場合でも、当該容疑者が次の各号のいずれかに該当するときは、その者の在留を特別に許可することができる。

四号　その他法務大臣が特別に在留を許可すべき事情があると認めるとき。

13) 出入国管理及び難民認定法　第22条の4　第1項　六号
別表第一の上欄の在留資格をもつて在留する者が、当該在留資格に応じ同表の下欄に
掲げる活動を継続して三月（高度専門職の在留資格（別表第一の二の表の高度専門職
の項の下欄第二号に係るものに限る。）をもつて在留する者にあつては、六月）以上行
わないで在留していること（当該活動を行わないで在留していることにつき正当な理
由がある場合を除く。）。

14) 出入国管理及び難民認定法　第50条　第1項
法務大臣は、前条第三項の裁決に当たつて、異議の申出が理由がないと認める場合で
も、当該容疑者が次の各号のいずれかに該当するときは、その者の在留を特別に許可
することができる。
四号　その他法務大臣が特別に在留を許可すべき事情があると認めるとき。

15) 2020年7月現在の対応言語は、日本語、やさしい日本語、英語、中国語、韓国語、ス
ペイン語、ポルトガル語、ベトナム語、タガログ語、ネパール語、タイ語。
https://www.houterasu.or.jp/multilingual/

16)「法テラス白書　平成30年度版」日本司法支援センター（法テラス）編著、49頁。

第2章

医療の現場から見えてくる
共生社会の現状と課題

沢田貴志

2020年中国の一都市で始まった新型コロナウイルスの流行は、わずか2か月ほどの間に全世界を巻き込む大流行となった。もはや感染症のみならず、経済や政治が地球規模でつながっており、1つの地域の課題が世界の課題と直結する時代に私たちは生きている。2015年に国連サミットで制定された「持続可能な開発目標（SDGs）」はまさに、こうした国際社会の情勢を先取りしたものだった。

　医療の分野で考えれば、感染症や不健康を1つの地域に残して放置していれば世界全体が脅威にさらされる。同時に1つの地域に医療にアクセスできない人々を放置すればその地域の健康全体への影響が生じる。1つの社会のなかで健康が守られる人とそうでない人とに分断が生じるようなことがあってはならない。本章では、日本の外国人医療の現状と課題、そして改善のための取り組みについて考えていきたい。

1. 日本の医療の仕組みと外国人

　日本の医療制度は1人当たりの診療時間が短いなどの点での改善点が指摘されるものの、質の高い医療を公平に受けられるという点では国際的に高い評価を受けている。その公平性を支えてきたのが国民皆保険制度である。

　日本の健康保険制度は、雇用主と労働者が掛け金を出し合う社会保険と、自治体が提供し社会保険に加入していない個人事業主や非就労者などが加入する国民健康保険に大別される。この他に、高齢者対象の後期高齢者医療保険や生活困窮者のための生活保護がある。国民健康保険法が制定され、社会保険に加入できないすべての人を国民健康保険に加入をさせることが決定されたのが1958年であった。この国民健康保険が社会保険と同等の条件で医療費の給付を行うことで、すべての国民に対等な医療を提供する基盤が整った。国民健康保険の加入資格は従来1年以上の在留資格があることが前提との運用がなされていた。しかし2012年の入管法改正で外国人も3か月を超えて滞在する場合に住民基本台帳への登録が義務づけられたことにより、国民健康保険も3か

を超える在留資格がある外国人には原則として適応されることになった。

　このように、外国人についても中長期の在留資格をもっている限り、原則として対等な医療が受けられるように制度は整っている。しかし、現実には外国人の医療アクセスは日本人に比べてさまざまな障壁がある。また、超過滞在者や難民申請者・失踪した技能実習生など、こうした制度の枠組みの外に置かれている人々もいる。ここからは、外国人ならではの医療を受けるうえでの障壁について述べていきたい。

2. 外国人が医療を受けるうえで直面する壁とは

(1) 言葉の壁

　日本のある大手企業で働くフィリピン人労働者のAさん。数日前から腹痛が徐々に悪化していたが、仕事が多忙で病院に行くのを躊躇していた。いよいよ痛みが我慢できなくなり、午前中最寄りの中規模の病院を訪れた。しかし、受付で「日本語ができないと診察が困難」と言われて、医師に会わせてもらえなかった。あわてて職場に帰り、会社から探してもらい私たちの診療所にやってきた。診察と検査をすると虫垂がひどく腫れており、すでに破けそうな状態となっていた。すぐに救急病院に転送し、そのまま緊急手術となった。最初の病院に行ってから6時間以上が経っていたが、もし翌日まで我慢をしていたら、おそらく虫垂が破れて重症化し、長期の入院を余儀なくされただろう。

　同じく東南アジア出身で夫とともに日本で働いているBさん。英語はできるが日本語は片言のみ。妊娠し最寄りの総合病院で出産をしようとするが、「24時間通訳が付かないと引き受けられない」と事実上受入を拒まれてしまった。

　いずれも日本で正規の就労をして健康保険がある人たちだが、「日本語が不自由だから」という理由で医療が受けられないという経験をすることになった。こうした言葉の障壁によって円滑に医療が受けられない、という話を多数経験する。的確な診断をするうえでは病状を聞き取る問診が不可欠であり、十分な

コミュニケーションができなければタイムリーに診断をすることも難しくなる。このため、時間の浪費やトラブルを恐れて診療を忌避するような医療機関もあるだろう。

　では、諸外国ではどうしているのか。アメリカ合衆国では、クリントン政権時代に連邦政府の補助金を受けている医療機関は、医療通訳体制を整えなければならないことが義務化されている。この場合の医療通訳利用に患者負担はない。イギリスでも、医療通訳の普及が取り組まれており、質の高い医療通訳の提供が義務であることが2018年のNHS（National Health Service：国民保健サービス）ガイドラインに盛り込まれた。NHSはイギリスの公的医療制度であり、医師不足や専門施設への紹介に時間がかかることなどの課題も指摘されているが、外国人であっても対等な医療が保障されている。

　日本は、平等な医療アクセスが進んでいる国として評価されているが、外国人が言葉の障害で平等な医療を享受できていない状況が放置されており、対応は大きく遅れている。公的な医療通訳制度の整備が遅れており、友人の通訳や子どもが学校を休んでの通訳が現実に行われている。これらは、誤解に基づく事故につながりやすく、また子どもの教育を受ける権利を侵害することになり、医療通訳制度が整備された多くの国では禁止されている。

(2) 医療費の壁

　1990年代の日本では、外国人医療の最大の課題は医療費の支払いに困難がある急病人に対する対応であった。当時は、日本で雇用され働く外国人労働者の4割が在留資格のない外国人であり（図2-1）、健康保険加入資格がなく、いざ大きな病気となると雇用主が支払うことができずに、雲隠れしてしまうなどの事件が多数生じていた。

　アフリカ出身の30代の男性は、全身の脱力感と食欲不振で近くの総合病院を受診。診断は劇症肝炎であった。早期に高度医療を開始しなければ命を落とす危険の高い重篤な病気である。しかし、この診断をした病院は、健康保険加入資格がなく医療費の支払いに困難があるこの男性に対して入院をさせずに帰

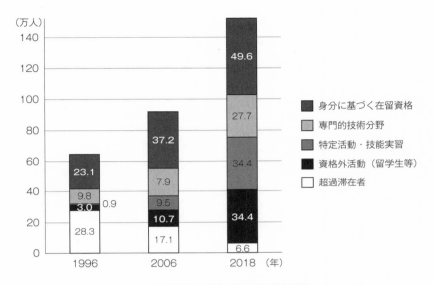

（万人）

凡例：
■ 身分に基づく在留資格
▨ 専門的技術分野
▦ 特定活動・技能実習
■ 資格外活動（留学生等）
□ 超過滞在者

図2-1　推定在留資格別外国人労働者数
出典：厚生労働省「外国人雇用状況」・法務省「入管統計」をもとに筆者作成

国を促していた。

　在留資格の切れてしまった外国人が帰国するには入管に出頭しての審査や、自国の大使館での査証の再発行など、多くの場合1〜2週間の準備が必要である。機内で急変しかねない重病人は、医師の同乗がなければ搭乗は認められない。結局この男性は、教会のボランティアに付き添われ藁<ruby>藁<rt>わら</rt></ruby>をもすがる思いで私たちの診療所に来院した。すでに歩行も困難な状態で、そのまま救急車で市内の専門病院に入院した。ただちに集中治療室で高度医療の治療が行われたが、数日後に亡くなった。最初の病院でこの治療が開始されていれば救命ができたかもしれない。劇症肝炎の治療は数百万円から、場合によると一千万円を超える医療費がかかる。誰に起きるかわからない深刻な病気だが、健康保険によってこの病気になった誰かを大勢の人から集めた保険料で治療を支えている。しかし、在留資格が切れてしまっていたこの男性に対しては、健康保険加入資格がないとする国の判断により医療費はそのまま個人の負担となる。

EUでは緊急医療は人権としてとらえる。そのため、こうした在留資格のない外国人に対して救急医療を提供した場合、その未払い医療費を行政が病院に対して補填をする制度がある。つまり、人道的に治療が必要だとの判断を医療機関が下せば医療費の財源がある。しかし、日本では在留資格のない外国人は「いないはずの人」だからとこうした制度作りに消極的であり、各県に数か所の3次救急病院に少額の補填制度をつけているにとどまっている。こうしたなかで群馬・東京・神奈川の3自治体では1990年代前半に独自の補填制度を定め、2週間100万円などの上限を設けながらも救急医療を提供した医療機関への救済を行ってきた。こうした制度がなければ医療機関が診療を忌避し、立場が弱く日本語も拙い外国人が、救命可能な病気で死に瀕するという人道上の問題が生じてしまう。

　40代のタイ人女性は、発熱が数週間続き次第に衰弱し、友人たちが近くの病院に連れて行った。外来で行われた検査費用はなんとか支払ったが医師は、「とても重い病気だから100万円用意しないと入院できない」と伝えたという。熱がひどく続き、別のクリニックに受診したところ、病状を心配した医師が私たちのところに相談をしてくれた。

　そこで、最寄りの公的病院に電話をして、なんとか航空機に搭乗できる病状になるまでの検査・治療を行うように依頼した。タイでは、公的病院の医療費は低額であり、帰国さえできれば医療費の心配はないのだ。診察をする約束を取り付け、ようやく入院治療が受けられ帰国もできると思ったが、受診しても入院にはならなかった。病院に問い合わせると、「CTで肝臓内に腫瘍が見つかり、末期の肝臓癌と考えた。入院しても治療の効果が期待できないので自宅で療養しながら帰国の準備をするように指示した」という話であった。高熱と悪寒を繰り返す症状は通常は癌によるものとは考えづらく、何らかの感染症が疑われる。治療を早急に開始しなければ急変して死亡する危険がある。タイ人のNGO関係者と共に自宅を訪問。問診と診察の結果、肝臓の腫瘍は癌ではなく膿が塊になっている肝膿瘍が強く疑われた。病院に連絡し再度精査を求めた結果、やはり肝膿瘍であった。ようやく、入院治療を受けられ、症状が落ち着い

たところで帰国し救命することができた。もし、あのまま自宅で帰国の準備をしていれば死亡していただろう。

　こうした診療忌避は、未払い補填制度に予算をしっかり組んでいない自治体で繰り返されていた。非人道的な扱いで死者も出ているのに国は積極的な対策を取らず、未払い医療費補填事業は一部の自治体にとどまった。

　近年は外国人労働者のなかで在留資格がない人の割合が大きく減少し、ほとんどの人が健康保険に加入できているので診療忌避事例は減少している。しかし、難民申請中であったり、在留資格が切れてしまったなどの理由で健康保険に入れない外国人は存在しており、こうした人々に対する診療忌避は現在も少なからず生じている。

(3) 社会的な壁

　技能実習生のCさん。体調不良を感じ監理団体の通訳と共に受診をしたところ診断は結核だった。まだ、発病初期であるため他人への感染性はなく、月に1〜2回の通院で働きながら治せる病状であった。しかし、監理団体は一方的に実習の終了を宣告し、Cさんを強制的に帰国させようとした。日本に来るために多額の借金があったCさんは、寮を逃げ出しNGOに相談した。技能実習生の多くは借金をして来日しており、Cさんも実習途中で帰国させられれば借金のかたに農地を取られてしまい家族全体が困窮してしまっただろう。技能実習生に借金を課して送り出すことは違法であるが、多くの場合出身国側での契約なので、違法な技能実習生送り出しが常態化していた。

　このような一方的な職場側の解雇は、在留資格のない外国人労働者が多かった1990年代にも多く起きていた。しかし2000年代になると、外国人労働者のなかで日系人や日本人配偶者、専門的技能分野の労働者たちが多数を占めるようになり、こうした理不尽な解雇は減少した。これらの労働者は、失職してもすぐに在留資格がなくなるわけではない。職安で他の職を探すなども可能であり、制度上は日本人の労働者と同様の権利が守られている。しかし、技能実習生は転職の自由がなく、雇用側の労働法違反が横行しており、病気をした際の

療養する権利が守られていないことがしばしばである。ある職場では、結核と診断された実習生のみならず、接触者として受けた検診で感染の疑いありとされた人々まですべて帰国をするように指示されていた。就労可能な体調であり、服薬によって健康が維持できているにもかかわらず、実習を一方的に終了するのは技能実習の趣旨にも反している。

　外国人の場合、労働者として守られるべき当然の権利が守られない状況が起きている。制度上は、技能実習生もこのような形で解雇することは許されない。しかし、労働基準監督署には通訳がおらず、日本語ができなければ労働相談を受ける機会が実質的には保障されていない。

　このように働く外国人の労働条件が悪化し、医療が確保されていない現実がある一方で、近年厚労省が外国人患者を受け入れる医療機関の整備に取り組んでいる。このなかで医療通訳の活用も論議されている、しかし、その施策の多くは旅行者が前提となっており、ベトナム語、インドネシア語などの技能実習生にとって利用できる医療通訳体制の整備はめどが立っていない。

3. 課題をめぐる資料

(1) 言葉の壁

　2018年に厚生労働省が行い、全国の4395病院が回答した「医療機関における外国人患者の受入に係る実態調査」によると、2018年10月の1か月間にこれらの病院を受診した在留外国人の数は外来が5万6752人、入院が1万350人であった。一方、訪日外国人の受診は、外来が2429人、入院が715人であり、医療目的の入国者の受診数1983人を足しても外国人受診者の7％程度でしかない。

　回答を寄せた病院のなかで医療通訳を配置している施設は、244施設（4.3％）にすぎず、このうち英語や中国語の通訳がいるとしているのがそれぞれ188施設（77％）、117施設（48％）であるのに対して、在住者が多いフィリ

ピン語7施設（2.9％）、ベトナム語6施設（2.5％）にすぎなかった。つまり回答した病院全体のなかで、フィリピン語やベトナム語の通訳がいる施設は0.1％程度ということになる。

　このように医療通訳が得られない状況を病院側はどのように感じているのか。2013年に行われたエイズ診療拠点病院を対象にした調査がある。エイズ診療拠点病院は、各県の大規模な病院が指定されており、こうした病院で実際に治療に携わる医師がどのように認識しているかを知りうる調査である。2013年の時点で、外国人のエイズ患者の受け入れが困難と感じる一番の理由は「言葉の対応」をあげている。特に英語も日本語も不自由な場合に困っている[1]。医療通訳が得られないことの問題はエイズ診療だけにとどまらない。エイズ患者の10倍以上の発病者がいる結核の診療では事態はもっと深刻である。図2-2に見られるように、2012年以降外国人の結核患者の数が急増している。これは、リーマンショック後に日系人などの労働者の受け入れに替えて、技能実習生を拡大する政策が取られていることと無縁ではない。技能実習生は、日系人の労働者と異なり、3〜5年程度しか就労できず家族の同伴が許されない。このため、一定の経済成長をした国の若者は日本を目指さなくなっており、より所得の低い国の出身者の割合が増えてきている。この結果、ベトナム、フィリピン、インドネシア、ミャンマーなどの労働者が多く、同じ国でもより所得の低い地域の人が多くなっている。このように、相対的に結核の有病率が高い地域の出身者が増えているにもかかわらず、通訳体制の整備が進んでいない地域がほとんどである。そうしたなかで雇い主が通訳を提供することになり、病気の際に本人の同意なしに帰国の手続きが進められてしまうこともしばしばである。このことは、症状が出た際に受診を躊躇することにつながりかねない。

　外国人の結核患者にも適切な医療を提供できるように、東京都や大阪府などでは、結核患者に保健師が面談するときに、医療通訳の派遣が受けられるような体制の構築を行ってきた[2]。しかし近年、都心部だけでなく全国各地に外国人労働者が働く状況になり、国全体の制度の設計が必要である。

　欧米では権利として無償で医療通訳を提供することが推進されているが、日

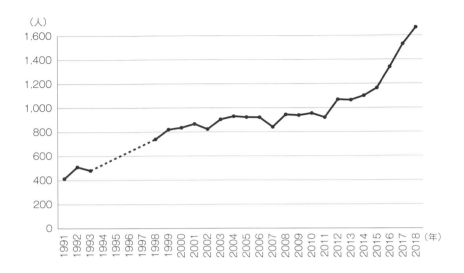

図2-2　外国人または外国生まれの結核新規登録者数の変遷
出典：1991-1993：研究班推計値、1994-1997：統計なし
1998〜：公益財団法人結核予防会結核研究所疫学情報センター
http://www.jata.or.jp/rit/ekigaku/

本ではこの間、外国人の受け入れ医療機関を増やす施策のなかで、医療通訳費用を有償で患者に請求することを推奨している。これは、旅行で来日する外国人を前提に進められている政策であり、住民のための政策は欧米諸国に大きく遅れてしまっている。

(2) 医療費の壁

　神奈川県では、1993年に外国人急病人未払い医療費補填事業が始まり、救急受診をした外国人の医療費が未払いとなった場合、医療機関が繰り返し1年間請求してもなお回収できなければ県が補填をするという制度を作っていた。この未払い医療費の執行額は、2002年が最高であり、年間2400万円に達していた。しかし、その後、徐々に減少し始め、2015年以降の4年間の平均額が19万円となった[3]（図2-3）。こうした現象の背景には、この間在留資格がない

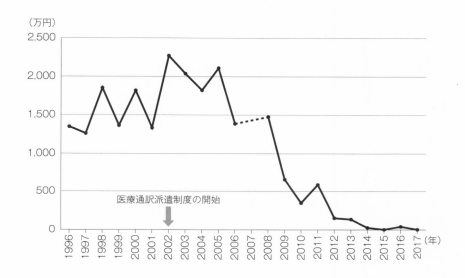

（万円）

図2-3　神奈川県の外国人未払い医療費補塡事業による財政支出の推移
出典：神奈川県資料より筆者作成

外国人の人口が減少し、約3分の1となったことや、制度の対象外となる医療機関が増えたことなどいくつかの要因がある。しかし、未払い医療費が減少に転じた2002年が、神奈川県に公的な医療通訳制度ができた年であることに注目したい。医療通訳制度ができたことにより、早めの受診ができるようになったこと、治療が効率的に行われ、ソーシャルワーカーとの面談で計画的な医療費の支払いができるようになったことなどが大きく貢献している可能性がある。

（3）社会的な壁

「社会的な障壁によって医療が受けられない外国人がどのくらいいるのか」という問題については十分な資料はない。2019年10月の統計では、38万人を超える技能実習生が日本で働いており、同様に30万人を超える留学生がアルバイトをして生活している[4]。経済的に厳しい環境にあり、病気のときの相談体制が不十分である。しかし、在留資格があり健康保険に入れるため適切な支

援にさえつながれば制度活用は行いやすい。最も困難な状況にあるのは、在留資格を失った人たちである。こうした人々のなかには難民として来日したものの日本の非常に厳しい審査で難民性が認められず、帰国を求められている人もいる。労働法違反の過酷な職場から逃げ出して在留資格を失ってしまった技能実習生もいる。日本人もしくは定住資格のある外国人と事実婚状態にあり、一度失った在留資格の再許可を求めているものの認められていない、という人たちもいる。こうした人々は、健康保険加入資格がないため医療の確保に大変な困難が生じている。

4. 外国人の医療アクセスへの支援の実践

　こうした現状に対して、各地でこれまでさまざまな支援が行われてきた。言葉の支援については、2002年に神奈川県の外国籍県民会議の答申を受けた神奈川県国際課が、医療機関に対する医療通訳の派遣制度を開始し、神奈川では現在県内の60以上の病院で医療通訳が公的に確保されるようになっている。その後、愛知県・三重県などがこれに続き、全国医療通訳者協会（NAMI）によれば、全国に医療通訳派遣団体が広がっている[5]。こうしたなかから京都市の医療通訳派遣事業を受託していた多文化共生センターきょうとが、国の医療通訳の標準カリキュラム作成に貢献をした。しかし、在住外国人に広く役立つ派遣通訳制度の構築は国としての政策化はされていない。

　医療費問題については、病院のソーシャルワーカーらが窓口となり、医療に関わるさまざまな制度が適切に活用されるよう支援に取り組んできた。結核や新型コロナウイルスなどの感染症で隔離が必要になった場合の入院医療費の公費負担、労働災害、精神科の措置入院などについては、在留資格や国籍に関わらず対象となる。また、養育医療・育成医療など子どもの人権保障にもつながる制度については、在留資格にかかわらず自治体の判断で適用が可能である[6]。一方で、未払い医療費補塡制度のように、緊急医療の確保に関する制度は自治体によって運用が異なっているのが現状であり、欧州並みにこうした制度を整

えることが国の責任として求められる。こうした緊急医療の補塡制度があると、そうした制度を求めて外国人患者が増加するとの主張があるが、現実に神奈川県では大きく減少している。医療通訳制度と併せて支援の必要性を十分聞き取れる体制があれば制度の乱用は防げるだろう。ソーシャルワーカーが積極的に通訳を活用し、通訳体制がなければNPOや行政と連携して構築していくことも大切なソーシャルワークである。

5. 今後の取り組みのあり方について

　SDGsがなぜ、誰一人取り残さない社会を求めているのか。それは、貧困や格差を放置することで社会にさまざまな問題を生み出し社会そのものが持続していけなくなる、という危機感に基づいている。医療の現場でも、機会が不平等であればさまざまな健康問題を生み出す。なかでも感染症の増加といった目に見える課題が日本でも現実の問題として生じている。前述したように、近年の技能実習生の増加と時を同じくして急速に結核患者が増えている。この増加の背景には技能実習生を使い捨ての労働者として扱い、病気になると帰国させている実情の影響があるのではないか。多くの技能実習生は借金をして来日しており、実習を中止され帰国をすると生活が困窮する可能性が高い。「結核などの感染症になったら実習を終了する」という違法な契約でいきなり解雇された外国人労働者が帰国後困窮する事案が続けば社会問題となり日本の国際的な信用は失墜する。また、こうした労働形態が実態として許されてしまえば、やがて日本生まれの労働者に対しても妊娠や病気をしないことを求める社会になり、社会全体の労働環境が悪化につながる。

　日本の外国人政策のすべてが不適切だったわけではない。2006年に総務省が示した多文化共生プランでは、行政サービスの多言語化が推奨され、教育・福祉・医療などの分野に外国人の支援をする通訳をおくことが提唱されていた。しかし、リーマンショックや東日本大震災後を受けて日本の外国人労働政策は転換され、技能実習生や労働する日本語学校生・専門学校生の受け入れの拡大

が進んだ。短期的な労働目的であり、定住しないという前提なので在住外国人への医療通訳を普及させる政策はとられず、医療通訳体制の構築は旅行者にばかりに目が向いてしまった。かくして観光産業の求める英語や中国語の通訳が主に育成され、労働を担うベトナム語、フィリピン語、インドネシア語などの話者への通訳の育成はなかなか進んでこなかった。

　2020年の新型コロナウイルスの流行は社会全体に影響する深刻な事態であるが、私たちの社会のありようを考え直す機会も提供している。シンガポールは2003年のSARSの流行の際の経験から、新型コロナウイルス流行の始まった当初は、感染拡大の抑え込みに成功している模範的な国の1つであった。しかし、せまい寮に大人数で生活しシンガポール経済を底辺から支えてきた外国人労働者の間で流行が始まると、一気に感染者数が増加してしまった。定住をさせずに労働力だけ受け入れ、対等な行政サービスを提供しないという雇用主にとって都合のいい政策が、社会にひずみをもたらすことを端的に表している。日本でも感染の拡大した3～4月に外国人労働者が発熱して病院を受診しようとしても、なかなか辿りつけないという事態が生じていた。保健所や医療機関との間のコミュニケーションを支える公的通訳制度が未整備なためである。働く外国人がいればそれに見合った医療通訳体制を作ることが、適切な社会システムである。それを怠っていれば、適切な医療の提供も感染症対策も実施が難くなる。

　現在、多くの欧米諸国でSDGs達成のための企業の責任が強化されている。奴隷的な就労環境や児童労働などの不適切な労働条件がないように管理することはすべての企業の責任だが、大企業であれば原材料の輸入元などの海外の取引相手もすべてを対象にすることが求められている。こうした労働問題に適切な対応をしない企業はやがて罰則を受け欧州・北米の市場でビジネスをすることが困難になっていくだろう。そうなれば、技能実習生の間での労働法違反を放置している日本企業は、海外でのビジネスが困難となり、日本経済が急速に衰退していくことになりかねない。こうした予測が杞憂で終わってほしいが、今すぐにも取り組みを始めなければ、取り返しのつかない局面に至ってしまう

ことかもしれない。

　現時点で福祉や医療の現場で外国人の支援にあたる人々に求められる対応を3つあげたい。まず日本語の不自由な外国人に対しては、通訳をつけてしっかりと聞き取ることが求められる。そのためには、医療通訳制度を公的に整備し、病院のソーシャルワーカーや医師が必要と認めた場合に、公費で通訳がつけられる制度を日本全国に普及することが必要である。言語は、日本で就労したり生活している人の人口に合わせて確保し、患者負担は無償か最小限にするべきであろう。

　次に、何らかの理由で健康保険に加入できずに日本に滞在せざるを得ない人々が緊急医療を必要とする事態になったとき、積極的に声を上げていくことが望まれる。生命にかかわるような事態が生じたときに、その人の法的な立場にかかわらず医療を提供する責務が私たちの社会にはある。そのことを保障する制度がなく、健康保険がない外国人の治療を行った医療機関にその費用を損失として負わせるのでは、診療忌避が繰り返される恐れがある。健康保険に加入できない病人に対して、緊急時の医療を保障するための何らかの予算措置が必要である。これはすでにある未払い医療費補塡制度や無料低額診療の制度の活用も含まれるが、この間ロックダウンで帰国が困難となり旅行者としての在留資格を延長している外国人が多数いることも考慮した新しい制度が必要であろう。旅行者のなかに支払い能力があるのに帰国してそのままにしてしまう人が出るのではないか、という懸念の声もあるが、国際的な情報のやり取りが緊密化した現在では、本国側の財産を確認し能力に応じた支払いを求めることは難しくなくなってきている。新型コロナウイルス感染症の時代に対応した制度を現場から提唱することが求められる。

　もう1つは、外国人が法的な保護が必要なときに、これが提供できる機関と積極的に連携をしていくことである。福祉や医療の現場では支援を必要とする外国人と出会うことが増えていく。そのときに、一歩踏み込んで行政やNPOと連携し、1つ1つの事例を解決に結びつけていけば、やがて組織的な対応や制度につながっていく。2019年の入管法改定を契機に、言葉の支援ができる

総合的な窓口が現在ワンストップセンターという形で整備されようとしている。医療や福祉の現場のスタッフがこれを活用しながら支えていくことで外国生まれの住民の人権を守る仕組みが次第に改善していくだろう。外国人を一時的な労働力とするのではなく住民として位置づければ、こうした制度の整備を進めていくことが可能となるはずだ。

◉注 --

1）沢田貴志・山本裕子・樽井正義・仲尾唯治（2016）「エイズ診療拠点病院全国調査から見た外国人の受療動向と診療体制に関する検討」『日本エイズ学会誌』18号、230〜239頁。

2）沢田貴志（2012）「外国人の結核へ新たな取り組みとしての通訳派遣制度」『結核』87号、370〜372頁。

3）沢田貴志（2019）「在留外国人を地域で診る」『医学会新聞』2019年3月18日。

4）厚生労働省（2020）「外国人雇用状況の届け出状況のまとめ」2020年1月31日プレスリリース。

5）全国医療通訳者協会「各地の医療通訳派遣実施団体」
https://national-association-mi.jimdofree.com/医療通訳派遣団体リスト/

6）特定非営利活動法人移住者と連帯する全国ネットワーク編（2019）『外国人の医療・福祉・社会保障相談ハンドブック』明石書店。

第3章

教育から排除される
外国人の子どもたち

小島祥美

はじめに

　日本の公教育において、外国人は就学義務の対象外とされている。親あるい
は保護者が就学手続きをしないかぎり、その子どもは不就学の状態におかれて
しまうのだ。就学義務は親が子どもを学校に通わせる義務であるが、子どもの
立場からすれば、就学義務の確立によって、自らが教育を受ける権利が制度的
に保障されることになる。

　このような現状のため、日本国内には、学齢期であるにもかかわらず、学校
に通っていない不就学の外国人の子どもがいる。一方で、多様なルーツをもつ
子どもの増加に伴って、就学形態も多様化している。そして、高校へ進学する
外国人の子どもがいるが、言葉や制度の壁で進学できない子どももいる。

　そこで本章では、外国人の教育問題の実情から、すべての外国人が学校に行
くことのできる社会になるために、私たちができる支援を紹介していきたい。

1. 学校に通っていない子どもたち

　フィリピン国籍のサユリ（仮名）は中3（14歳）であるが、中2の3学期から学
校に通っていない。母親の再婚相手との間に生まれた弟（4歳）の子守が多くな
ったからだ。弟は公立保育園に通っているが、体が弱いために欠席が多い。そ
のたびにサユリは学校を休み、弟の子守をしている。今、サユリは母と叔母と
弟の4人で暮らしているが、母も叔母も非正規労働者のために急に仕事を休む
ことはできない。そのため、弟の世話は、いつしかサユリの「仕事」になってし
まった。そして、サユリは学校の欠席が多くなったために、学校の勉強がわから
なくてきた。また、親しかった友達が少なくなっていき、学校へ行くたびに担
任からは「お母さんにすぐに払うように伝えて」と給食費や修学旅行の積立金
などの未払いを催促されるが多くなった。そのため、サユリは学校へ通う意欲
をすっかり失ってしまった。中3の夏休み前、帰国を理由にサユリは退学届けを
提出した。それから3か月が経つが、自宅に1人でこもる生活が続いている。

サユリのように、日本国内には学校に通っていない外国人の子どもが大勢い
る。その実態は、2019年に国が初めて外国人の子どもの就学状況を把握した
ことで、全国の実態が明らかになった（図3-1）。学齢期の外国人の子ども（12
万4049人）のうち、全体の約6人に1人（18.1%）が学校に通っていなかったの
だ（文部科学省 2020a）。UNESCOのレポートによると、2018年時点で小学校
に通っていない子どもの割合が世界で最も高い地域はサハラ以南のアフリカ地
域（19%）で、その割合は約5人に1人に相当する（UNESCO 2019）。つまり、
日本に暮らす外国人の子どもは、サハラ以南のアフリカ地域の子どもと等しい
状況におかれていると言える。

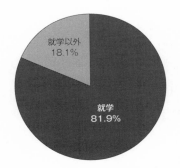

図3-1　就学と就学以外の比率
出典：文部科学省（2020a）より筆者作成

　国籍を問わず、すべての外国人にも日本の公立学校に通う道が開かれている。
だが、学齢期であっても、サユリのように、子ども自らが小中学校を退学でき
る状態でもある。それだけではない。言葉の壁やいじめなどのさまざまな理由
で、一定期間の欠席をする外国人の子どもに公教育では「不登校」を認めず、
学校長の判断で退学届の提出を求めて、学校を退学させられる子どももいる。
このような現実から、公教育では外国人の就学を「恩恵的」な形での許可と言
わざるを得ない。とりわけ、現在の日本における外国人の教育をめぐる争点の
多くは、第二次世界大戦直後の在日コリアンの教育をめぐるダイナミックな動
きのなかで形成されたことから、外国人の就学扱いはすべての国籍の外国人が

同様の扱いとされている（小島 2016）。つまり、「学齢期での日本国籍の有無」が「教育を受ける権利」を線引きする。

（1）不就学の主な理由

　日本の公教育において教育を受ける権利が保障されていないことで、外国人の子どもは不就学に陥る。その要因は、次の主な3つに集約される。

　1つ目は、就学案内がされない、どこへ就学したか確認されないなどの制度上の問題で、「確実に」就学にアクセスできないことである。来日したばかりや転居の多い外国人の子どもとその保護者に対して、どこで誰が就学案内を行うのか、公立小中学校を希望する者以外の就学をどのように把握するのか、日本語がわからない者にはどのように伝えるのか、などを行う法的規定がない。そのため、ほとんどの自治体では内規や職務規定がない。つまり、就学案内から学校に通うことができるまでの一連のことが、自治体の業務に位置づけられていないのである。そのために、「日本語を覚えてから」と、窓口で手続きを拒む担当者が未だいる。加えて、結核検診の扱いが自治体間で公費と私費の扱いが異なることで、結核検診が受診できずに就学できない子どもさえもいる。

　2つ目は、子どもや保護者が中退を選択する／させられることである。日本語指導の体制は、自治体間でも学校間でも異なる。そのため、日本語指導が必要な児童生徒が公立小中学校に通っても、十分な指導を受けることができない。それによって、日本語の壁や日本の学校に適応できず、悩んだり苦しんだりしたゆえの選択が中退となる。また、学校での日本語での指示がわからないがゆえにできないことが、子ども本人の「怠け」や「やる気がない態度」と判断されて、いじめにつながる場合も少なくない。日本語がわからない保護者が学校の先生や身近な人に相談できないなど、学校や地域との連携の困難さから子どもが中退に陥る場合もある。サユリの担任のように、日本語がわからない保護者への連絡を子どもに気軽に頼む者も多いが、それが苦痛で中退に追い込まれる子どももいる。なぜならば、親よりも日本社会の慣習や規範に適応していることが多いため、親に対して尊敬の念をもてなかったり、家庭言語を伸長する

機会が少ないために親の話す言葉がわからずに親と会話ができなかったりするなど、子ども個人で抱えている困難が多いからだ。

　3つ目は、外国（人）学校が各種学校ないし私塾と見なされて、政府や自治体から十分な補助金が得られていないことである。外国（人）学校とは、特定の民族を主にその文化や言語の教育を重視してきた民族学校、特定の国籍を対象としてその国が定める教育内容を基準とするナショナルスクール、英語教育を重視したインターナショナルスクールを示し、国内には百十数校あるとされる。多様な背景をもつ外国人の子どもにとって、自分たちが所属する民族集団の教育を選ぶべきか、それとも生活している日本の公教育を選ぶべきか。国籍選択の場合も同様だが、こうした選択は容易に下せるものではない。教育とアイデンティティは人間の尊厳にかかわるものである以上、その選択肢は十分に開かれていることが望ましい。外国人の子どもは、現実に日本の学校に通う者もいれば、外国人学校に通う者もいる。だが問題は、それが熟慮のもとで選択されるのではなく、状況によって強いられるケースが多いことである。日本の学校に通っても、日本語がわからずに授業についていけなかったり、文化的な協調行動を求める圧力のもとで自分が親から受け継いだ文化に誇りをもてなくなったりする子どもも多い。その結果、大きな心理的ストレスを抱えたまま通学するどころか、通学をあきらめてしまう結果になる子どもさえいる。このような子どもに外国人学校は安全を提供するが、学校としての補助が得られてないために結果的に学費が高騰したり、設備や教育内容が貧弱になったり、遠方からの通学費が負担になったりして、ここでも通学をあきらめざるを得ない子どもがいる。不就学は、両方の学校装置からはじき飛ばされた結果でもある。

(2)「働く」子どもたち

　学校に通っていない外国人の子どもたちは、一日中ゲームをしたり、インターネットの動画サイトを見たりして過ごしている、と想像するかもしれない。たしかに、学校を中退した子どもたちのなかには、居場所を失い、部屋に引きこもる子どももいる。だが、サユリのように弟妹の世話をしたり、食事の支度

や食器洗したりなど、家事労働に追われる子どもが多い。特に、日本の中学校を中退した子どもについては、日本語での日常会話には支障がなかったり、日本語での読み書きができたりすることで、日本語がまったくわからない親よりも時給のよい職を得ているケースもある。

　やや古い調査結果であるが、2003年4月から2005年3月の2年間、筆者は外国人集住地域である岐阜県可児市に暮らすすべての学齢期の外国人の子どもを対象に、時期を変えて三度にわたって就学実態を調査した（小島 2016）。全家庭を訪問して把握した結果、不就学の子どもの日常の過ごし方として三度の調査でともに最も多かったのが、「就労」であったのだ。就労する子どもたちは、「工場で仕事をしているけど、来週からまた工場が変わる予定。S市にある職場にいつも（派遣業者の）送迎バスで行っている。デジカメを作る工場で、時間は朝7時5分から17時、時給800円。話すのは日本語も母語も両方できるけど、書くほうは日本語のほうがやさしいし、できる」（14歳男子）、「仕事の時間は朝8時から夜7時。残業は毎日あるけど、あまり希望していない。時給は800円」（14歳女子）、「毎日バイトしている。時間は8時から16時だけど、時間はいろいろ変わる。15時までとか、12時までなど。土日は休み」（14歳男子）と淡々と話した。その理由は、学校で認められなかったことが苦しかった、将来に希望がもてなかった、少しでも借金がある親を助けたかった、などさまざまであった。なお、その後、岐阜労働基準監督署が岐阜県内の人材派遣会社に立ち入り調査をすることで、その実態は「15歳以下12人を雇用」という見出しで、地元紙では大きく報道された。それから15年が経過しようとしているが、国の調査で学校に通っていない子どもが約2.2万人も実在することが明らかになった今日、相当数の子どもが就労しているのではないかと考えられる。

2. 学校に通う子どもたちの変化

　近年の外国人の教育問題は、1980年代のバブル景気による労働力不足が大きく関係する。この対策で1989年に出入国管理及び難民認定法（以下「入管

法」）の一部が改正されることで、日系人の日本での就労が自由化され、家族とともに日本で暮らす南米出身の外国人が急増した。それから30年が経過する今日、外国人の子どもの就学状況はどのように変化したのか。現状を知るため、国の統計で概要を確認しよう。

(1) 公立学校に通う子どもたち

公立学校における日本語指導が必要な外国籍の児童生徒数について、文部科学省の調査が開始した1991年度から最新の2018年度までを比較したものが、表3-1である。総数（a）をみると、この27年間で7.5倍も増加していることがわかる。また、日本語指導が必要な外国籍の児童生徒数が外国人児童生徒数に対して占める比率（a/b）も年々高くなり、2018年度では公立学校に通う外国人児童生徒の約2人に1人（43.8％）が、日本語指導を必要とする。

表3-1　公立学校における学校種別日本語指導が必要な外国籍の児童生徒数と外国人児童生徒数（人）

| | 学校種別日本語指導が必要な外国籍の児童生徒数* | | | | | | 外国人児童生徒数** | |
	総数 (a)	小学校	中学校	高校	義務教育 学校	中等教育 学校	特別支援 学校等	(b)	(a/b)
1991年度	5,463	3,978	1,485	—	—	—	—	69,739	7.8%
1995年度	11,806	8,192	3,350	264	—	—	—	82,164	14.4%
1999年度	18,585	12,383	5,250	901	—	—	51	80,353	23.1%
2003年度	19,042	12,523	5,317	1,143	—	10	49	70,902	26.9%
2008年度	28,575	19,504	7,576	1,365	—	32	98	75,043	38.1%
2012年度	27,013	17,154	7,558	2,137	—	24	140	71,545	37.8%
2018年度	40,755	26,316	10,260	3,677	184	41	277	93,133	43.8%

*高校は1995年度から、盲・聾・養護学校は1999年度から調査を実施
**1991年度は小中学校、1995年度は小中高校の総数

出典：文部科学省（各年）より筆者作成

特に、盲・聾・養護学校（現在は特別支援学校）の調査が開始した1999年度に注目すると、学校種別に特徴がある。2018年度と比較すると、特別支援学校等は5.4倍、高校は4.1倍と、その増加が特に著しい。だが、外国人児童生徒数は、1999年度と2018年度とではほぼ変わらないのだ。つまり、公立学校に通う外国人児童生徒数はこの20年で変化していないなか、日本語指導が必要な外国籍の児童生徒の占める比率が高くなった結果、各地で「問題視」され

るようになったといえよう。その延長上において、学校現場でよく使用される
WISC（児童用知能検査）の結果だけで、日本語を母語にしない多様な背景のな
かで育つことが配慮されずに「特別支援学級」と区分される外国人児童生徒が
各学校内で増加しているとも考えられる。

（2）変わらない就学と不就学の実態

　公立学校に通う外国人児童生徒数に変化のない20年であるが、学齢期の外
国人の子どもの数はこの間に変化したのか。この1999年度と2018年度の20年
間の変化について、政府の各種統計で確認していこう。

　まず、日本に暮らす外国人住民を示す法務省の在留外国人統計からみていく。
学齢期の子どもを「5〜14歳」として比較すると、1999年末は13万3838人
であったが、2018年末では14万2709人となり、20年間では8871人の増加で
あった。では、この総数に対して学校に通う子どもの状況はどのように変化し
たのか。文部科学省の学校基本調査から、日本の学校、各種学校である外国人
学校、不就学について、全体数に占める構成比を比較すると、ほぼ変化のない
ことがわかる（表3-2）。

表3-2　法務省と文部科学省の統計から構成比の比較（人）

	1999年		2018年	
5〜14歳の総数（a）	133,838	100.0%	142,709	100.0%
日本の学校（b）	73,622	55.0%	84,753	59.4%
小学校	47,161		59,747	
中学校	26,289		23,963	
盲学校	5		—	
聾学校	33		—	
養護学校	134		—	
特別支援学校	—		598	
義務教育学校	—		326	
中等教育学校・前期課程	—		119	
外国人学校（c）	26,594	19.9%	27,632	19.4%
不就学（a-b-c）	33,622	25.1%	30,324	21.2%

出典：文部科学省（各年）と入管協会（各年）より筆者作成

この「変化ない」ということは、何を示すのか。日本の学校については、これまでは外国生まれの学齢期に来日した編入学者が大半を占めていたが、近年はこれまでの編入者に加え、日本生まれも多いことの証であるだろう。その証拠に、在留外国人統計で学齢前の「0〜4歳」を比較すると、1999年末では5万4090人であったが、2018年末では10万8885人と約2倍に増加している。そのことは、文部科学省が行う日本語指導が必要な日本国籍の小学生数も、その結果が公表された2003年は881人であったが、2018年では7669人で約8.7倍までに増加している。よって、就学前の子どもの増加で、今後ますます学齢期の子どもが増加すると考えられる。

　一方で、外国人学校については、いつのときも外国人コミュニティにとって大切な学び舎であることがわかる。また、学校に通っていない子どもはいずれも全体の約2割を占め、この間放置され続けていたことが如実である。このゆゆしき事態を放っておくことは、地域社会の未来にそのまま跳ね返ってくる。

3. 困難を抱える外国人の子どもたち

(1) 守られていない子どもの健康

　表3-2が示すとおり、外国人学校の担う役割は大きい。だが、法的位置づけは学校によって異なり、大きく区分すると、日本の学校教育法の第一条とする学校は一部あるものの、都道府県知事の認可を得た各種学校もしくは私塾扱いという学校が大多数である。ブラジル学校を例に、詳しくみていこう。

　12年前の2008年初時点では全国に百校近くあり、外国人学校のなかで最大の学校数をもっていたのがブラジル学校であった。なぜならば、前述の1989年の入管法改正による、ブラジルからの日系人の来日の急増に伴って、ブラジル人のコミュニティ自らで経営する学校が急速に誕生したからだ。だが、2008年秋の未曾有の経済危機以降は、経営悪化が原因で学校閉鎖に追い込まれた。ブラジルコミュニティ等にてフィールドワークから収集した情報によると、

2019年現在、ブラジル学校は全国に約50校が所在する。学校種別にみると、ブラジル政府の認可校と無認可校に区分され、ブラジル政府認可校のうち15校が各種学校である。この各種学校とは、日本の都道府県から認可された学校で、自動車学校と同様の扱いである。

この外国人学校の各種学校化は、「高度外国人材の受入れ促進」のねらいが重なったことで国が積極的に推進している（2012年3月29日付「外国人学校の各種学校設置・準学校法人設立認可の促進について」23文科際第202号）。だが、外国人学校が各種学校認可校になっても適用されない制度がある。それが学校保健安全法だ。日本スポーツ振興センター法も対象外であるため、ブラジル学校に通う子どもの健康を守る体制は日本社会において構築されていないという大きな問題がある（表3-3）。

表3-3　ブラジル学校種別制度適用の比較

	日本の学校（一条校）	ブラジル政府認可校	
		各種学校認可校	
大学受験資格	○	○	○
消費税免除	○	○	×
通学定期券購入	○	○	×
スポーツ大会参加	○	○	×
高等学校等就学支援金の対象	○	○	×
学校保健安全法	○	×	×
日本スポーツ振興センター法	○	×	×

（○印は適用、×印は不適用を示す）

出典：小島（2016：115）より筆者作成

　そのため、ブラジル学校に通う子どものなかには、日本で健康診断を一度も受診した経験がない子どもも実在する。筆者が複数のブラジル学校と健診を行ったなかでは、尿に異常がある子ども、両耳が十分聞こえない子などが実在した（小島 2015）。

(2) 公立高校の入試扱いについての自治体間格差

　外国人生徒にかかわる公立高校の入試扱いは、自治体間で大きく異なる。そ

れが、特別な配慮事項としての「措置」と「枠」の違いである。「措置」とは、一般入試を一般の生徒とともに受験する際に、何らかの措置を受けられる場合を示し、例えば、受験時間の延長、問題文の漢字にルビ、別室での受験、注意事項の母語表記、教科減などである。また「枠」とは、特定の高校で特別な試験を受けられる場合を示し、例えば、県内の3校では学力検査を作文と面接のみで実施などである。

　これらの実態について、外国人生徒・中国帰国生徒等の高校入試を応援する有志の会（筆者はまとめ係を担当）が毎年調べている。2020年度入学者に対する外国人生徒にかかわる入試について、文部科学省が2018年度に実施した日本語指導が必要な外国籍の児童生徒の総数が多い都道府県順に示したものが、表3-4だ。有を「○印」、無を「×印」、その他を「△印」で、枠については、定員内（枠内）を①、定員外（枠外）を②で示した。

表3-4　都道府県別　公立高校入試に関わる「措置」と「枠」の状況

順位	都道府県名	総数*（人）	全日制高校		定時制高校	
			措置	枠	措置	枠
第1位	愛知県	9,100	×	①	○	×
第2位	神奈川県	4,453	○	②	○	②
第3位	東京都	3,645	○	②	○	×
第4位	静岡県	3,035	×	①	×	×
第5位	大阪府	2,619	○	①	○	×
第6位	三重県	2,300	○	①	○	①
第7位	埼玉県	2,245	×	①	×	×
第8位	千葉県	1,778	○	①	○	①
第9位	岐阜県	1,596	○	②	×	×
第10位	群馬県	1,261	○	×	○	×
第11位	滋賀県	1,238	○	×	○	×
第12位	茨城県	1,206	○	②	○	②
第13位	兵庫県	1,002	○	②	○	×
第14位	栃木県	716	○	×	○	×
第15位	広島県	551	○	②	○	×
第16位	長野県	512	○	×	○	×
第17位	福岡県	422	○	△	○	△
第18位	富山県	332	○	×	○	×

第19位	山梨県	327	○	②	○	②
第20位	京都府	238	○	×	○	×
第21位	奈良県	221	×	②	×	×
第22位	島根県	167	○	×	○	×
第23位	沖縄県	166	△	×	△	×
第24位	福井県	151	○	②	×	×
第25位	新潟県	146	×	②	×	②
第26位	香川県	143	△	×	△	×
第27位	北海道	125	△	×	△	×
第28位	石川県	124	×	×	×	×
第29位	宮城県	109	○	×	○	×
第30位	岡山県	108	×	×	×	×
第31位	山口県	98	×	×	×	×
第32位	福島県	81	×	②	×	×
	熊本県	81	○	①	○	①
第34位	宮崎県	47	○	×	○	×
第35位	徳島県	46	○	×	○	×
	大分県	46	○	×	○	×
第37位	愛媛県	44	○	×	○	×
第38位	山形県	36	△	×	△	×
第39位	佐賀県	35	○	×	○	×
第40位	秋田県	33	○	×	○	×
第41位	長崎県	33	○	×	○	×
第42位	青森県	32	△	×	△	×
第43位	鳥取県	27	○	×	○	×
第44位	和歌山県	26	○	×	○	×
第45位	高知県	20	×	×	×	×
	鹿児島県	20	○	①	○	①
第47位	岩手県	14	○	×	○	×

＊日本語指導が必要な外国籍の児童生徒の総数を示す

出典：文部科学省（2020b）および外国人生徒・中国帰国生徒等の高校入試を応援する有志の会調べより筆者作成

　表3-4から自治体による違いが明らかである。だが、「○印」は同様の内容を示すものではない。日本語指導が必要な児童生徒数の第1位の愛知県、第2位の神奈川県、第3位の東京都の3地域における「全日制高校」での「外国人生徒」の「枠」はいずれも「○印」だが、a 名称、b 対象者（滞日年数）、c 枠のある学校数（全学校数）、d 定員、e 試験内容、f 2019年度入試の合格者

数／受験者数の6点を比較すると、まったく異なることがわかる（表3-5）。特に、d定員については、枠の①定員内募集（枠内）と②定員外募集（枠外）との2つに分かれるため、この定員数の違いが合格者数に現れている。それは、入学後の指導や支援の対応とも大きく関連する。また、e内容の「作文」について、東京都は日本語か英語の選択だが、例えば大阪府では日本語以外でも可能である。

表3-5　3地域の「全日制高校・枠」の比較

自治体名	a　名称	b　対象者（滞日年数）	c　学校数	d　定員	e　内容	f　2019年度入試の合格者数／受験者数
第1位 愛知県 9100人	外国人生徒及び中国帰国生徒等にかかる入学者選抜	6年（小4以上に編入学、若しくは小3以下の学年に編入学し、特別な事情があると認められる者）	11校（145校1校舎）	① 5%程度まで	国・数・外（英語）の基礎的な学力検査及び個人面接。学力検査（3科目）の漢字にルビ	30名／42名（中国帰国生徒等を含む）
第2位 神奈川県 4453人	在県外国人等特別募集	3年以内（外国籍を有するか、日本国籍取得後3年以内の者を含む）	10校（全135校）	② 計115名	英、数、国、面接	108名／120名（中国帰国生徒等を含む）
第3位 東京都 3645人	在京外国人生徒対象4月（9月）入学生徒の選抜	3年（ただし、入学日現在入国後3年を超える者のうち、入国日が平成29年3月1日以降の者については、入国後の在日期間が入学日現在3年以内とみなす）	8校（171校）	② 合計175名（4月と9月の入学含む）	作文、面接 なお、言語については、それぞれの検査において、日本語又は英語のどちらか選択可	・在京外国人枠4月入試：118名／225名（ルビ振り措置の受検者数197名、ルビ＋辞書持ち込み＋時間延長の受検者数72名）・中国帰国生徒等：1名／1名

出典：外国人生徒・中国帰国生徒等の高校入試を応援する有志の会調べより筆者作成

　このように枠を設ける自治体内でも対象者も定員も異なる一方で、措置も枠も設けていない自治体もあるという実態だ。つまり、この制度は日本語指導が必要な児童生徒の多寡を問わないこと、本人の努力とは関係なく、受験制度の違いで進学にアクセスできないことが明白である。

4. 「学校長裁量」を子どもにとっての「最善の利益」のために：私たちができること

　厚生労働省の統計をみると、父母ともに日本人である子どもの出生数が減少しているが、父母の両方もしくは一方が外国人である子どもの出生数は増加し

ている。そのため、日本で生まれて一度も国籍の国（地域）へ行ったことがないという外国籍の子どもをはじめ、日本国籍であっても国際結婚の両親をもつために家庭では日本語以外の言語を使う子ども、ペルー人の父とルーマニア人の母など両親が異なる国籍のカップルの間に日本で生まれ育ったという子どもがいる。兄は外国籍だけど弟は日本国籍という同じ両親から生まれているが出生時の認知の関係で兄弟間でも国籍が異なる子ども、日本人の両親をもつが外国での生活が長いために日本語より外国語を得意とする子ども、将来を考えて帰化する外国籍の子どもなど、子どもたちの世界では国際化が加速化しているため、ルーツも多様化している。つまり、今日のグローバル化で、必ずしも国籍が出生地や育った地を示さなくなった現状であるにもかかわらず、「外国籍」というだけで学校などでは行ったこともない国籍の国の文化を強要されたり、就職などでは「外国籍」であることを理由に希望する職種につけなかったりなどで苦しむ子どもがいる。学校で「通名」を使用する場合、外国人とは見なされない状況があり、彼（女）自身のアイデンティティが揺れはじめ、国籍をめぐる葛藤や社会的差別の現実を感じている。よって、外見や名前だけでは判断できないことが多いことに留意すべきである。国籍や文化が多様な親をもつ外国人の子どもが、もがき苦しみながら日本で生きることを強いられてきたことは、在日コリアンの子どもも同様である。

（1）現行制度のなかでできること

2019年4月に外国人労働者の受け入れを拡大する入管法が施行した。今後の外国人住民の増加を見込み、2019年6月に文部科学省から「外国人の受入れ・共生のための教育推進検討チーム報告書」（座長・副大臣）が発表された。この報告書の冒頭では、基本的な考え方として外国人との共生を進める意義を次のように説明する。

　　外国人の受入れ・共生は、我が国に豊かさをもたらすものであり、外国人が日本人とともに今後の日本社会を作り上げていく大切な社会の一員で

あることを認識し、日本人と外国人がともに尊重し合い、さまざまな課題
に対して協働していくことのできる環境を構築することが重要である。
（文部科学省 2019: 2）

　このような動きがあるが、国は外国人を就学義務の対象外とする姿勢に変化
はない。そのため、基本姿勢は「外国人がその保護する子を公立の義務教育諸
学校に就学させることを希望する場合には、無償で受け入れており、教科書の
無償給与や就学援助を含め、日本人と同一の教育を受ける機会を保障してい
る」とする。
　改正入管法が施行して1年が経過した2020年7月1日、文部科学省総合教育
政策局長から全国の都道府県・政令都市および市町村教育委員会宛に「外国人
の子供の就学の促進及び就学状況の把握等に関する指針の策定について」が通
知された。表3-6は、その指針内容の概要である。

表3-6　「外国人の子供の就学促進及び就学状況の把握等に関する指針」の概要

●外国人の子供の就学の促進及び就学状況の把握
　(1) 就学状況の把握
　　・連携して学齢簿の編製にあたり一体的に就学状況を管理・把握
　　・外国人学校等も含めた就学状況を把握
　(2) 就学案内等の徹底
　　・住民基本台帳等の情報に基づいて就学案内を送付
　　・外国人が日常生活で使用する言語を用いることにも配慮
　　・個別に保護者に連絡を取って就学を勧める
　　・連携して様々な機会を捉えて、外国人の保護者に対する情報提供を実施
　　・プレスクールや来日直後を対象とした初期集中指導・支援を実施するなど、円滑な就学に向けた取組
　　　を進める
　　・就園機会を確保するための取組を進める
　(3) 出入国記録の確認
　　・外国人の子供の就学状況の把握に際し、在留外国人出入国記録の照会等の手段を活用
●学校への円滑な受入れ
　(1) 就学校の決定に伴う柔軟な対応
　　・通学区域内の学校で十分な受入れ体制が整備されていない場合は、就学校の変更を認める
　(2) 障害のある外国人の子供の就学先の決定
　　・言語、教育制度や文化的背景が異なることに留意し、丁寧に説明して十分な理解を得る
　　・就学時に決定した「学びの場」は固定ではなく、柔軟に変更できるようにする
　(3) 受入れ学年の決定等
　　・一時的又は正式に、日本語能力・学習状況等に応じた下学年への入学を認める
　　・学齢期であれば、本人の希望に応じて年齢相当の学年への編入学を認める
　　・進級及び卒業に当たり、保護者から補充指導や進級、卒業の留保に関する要望がある場合には柔軟に
　　　対応するとともに、校長の責任においてそれらの措置をとる

（4）学習の機会を逸した外国人の子供の学校への受入れ促進
・本人や保護者が希望すれば、公立校への円滑な編入が行われるように措置
・日本語能力が不十分である場合は日本語教室等において受け入れるなど、学校生活への円滑な適応に
つなげるための教育・支援等を行い、望ましい時期に学校に入学させる
（5）学齢を経過した外国人への配慮
・本人の学習歴や希望等を踏まえ、公立中学校での受入れが可能
・夜間中学を設置している自治体では、入学が可能であることを案内
（6）高等学校等への進学の促進
・中学校等において、早い時期から進路ガイダンスや進路相談等の取組を実施
・公立高等学校入学者選抜において、外国人生徒を対象とした特別定員枠の設定や受検に際しての配慮
等の取組を推進

出典：文部科学省（2020c）より筆者作成

　この指針から、自治体や学校長の「裁量」に委ねられていることがわかるだろう。つまり、現行のなかでは、子どもにとっての「最善の利益」のためにこの指針を運用してできることを当事者と学校関係者とで話し合うことが非常に重要である。

　とりわけ、2014年度からは、日本の学校に通う児童生徒が日本語で学校生活を営み、学習に取り組むことができるための指導として、「特別の教育課程」による日本語指導が開始された。小中学校段階に在籍する日本語指導が必要な児童生徒は、在籍学級で行われる教育課程によらず、在籍学級以外の教室で当該児童生徒の日本語の能力に応じた指導を受けることが可能となったのである。これによって、一人ひとりに応じたきめ細かな指導を受けることが制度上はできるようになかったものの、日本語指導が必要か否かの判断についても、校長の責任のもとで行うことになっている。そのため、当該児童生徒の日常会話のなかでの日本語能力だけでなく、家庭環境やこれまでの学習歴、学校生活への適応状況も含めた生活状況などの多面的な観点を把握したうえで、日本語指導の必要か否かの判断が必須である。しかしながら、各学校ではその多角的な観点の把握をできる人材の不足のため、実際は適切な指導を受けることができない児童生徒が多い。その背景には、「小さい子どもは日本語を自然に覚える」「日常会話で日本語ができれば学習面に問題がない」など誤った理解をしている管理職がいることも関係しているようだ。

　したがって、外国人児童生徒の在籍が少ない地域や学校では、まずは文部科

学省が作成した「外国人児童生徒の受入れの手引（改訂版）」（写真3-1）を確認することからはじめよう。この手引きは、外国人児童生徒の学校受入れにあたり、学校管理職や教育委員会の担当指導主事、学級担任や日本語指導担当などの各関係者が取り組むべき事項について、立場別に指針が示されている。特に、地域におけるボランティアなどのNPOや国際交流協会との連携体制をはじめ、市町村・都道府県教育委員会における推進体制の構築方法、先進的な自治体の取り組みとしての具体的な支援体制（拠点校等の設置、日本語指導が必要な中学生のための初期支援校、連絡協議会の取り組み等）の事例紹介は、非常に参考になる。外国人児童生徒が在籍する学校では、担任1人で抱え込まずに、管理職など校内の職員をはじめ、外部の関係機関とも連携を取りながら児童生徒をサポートできる環境づくりが大切である。

写真3-1 「外国人児童生徒の受入れの手引（改訂版）」

（2）地域のリソースにつなげよう

　外国人の子どもの教育を受ける権利を守るためには、子どもとその保護者に「確かな情報」を届けることが必須である。各地では、平日の放課後に学習支

援を行うボランティア団体があったり、週末に大人の日本語教室のなかで子ども
もの学習支援を行う国際交流協会があったり、多言語で進路・進学説明会を開
催したりなど、多種多様な活動が行われている。そのため、就学していない子
ども、進路や進学で悩む保護者、学び直しを考える青少年に出会ったら、地域
のリソースにつないでほしい。子どもに希望を届けることができるからだ。

　特に、保護者への連絡については、関係者が保護者に直接伝えることが重要
である。「日常会話の日本語ができるから」と、子どもに頼ることは最小限に
とどめてほしい。正しい情報を確実に保護者に直接伝えることは、保護者と学
校や地域との信頼関係の構築につながるだけでなく、保護者への支援にもつな
がる。

　その方法の1つ目として、やさしい日本語で連絡事項の文面を作成して、保
護者が機器で翻訳できるように紙媒体でなくデータで保護者に伝達したり、
「Voice Tra」（ボイストラ）や「POCKETALK」（ポケトーク）などの多言語翻訳
ツールを活用して対話したりするなどの試みも参考になる。2つ目の方法は、
同じ地域で活躍する母語スタッフや支援員の協力を得ることである。こうした
支援員は、地域によって職務の名称や職務の内容が異なるため、詳しくは自治
体に尋ねるとよいだろう。その他の方法として、各地の国際交流協会やボラン
ティア団体などにある外国人相談窓口に相談することも有効的である。曜日に
よって異なる言語を話すスタッフがいるため、こうしたスタッフと保護者をつ
なぐことは保護者の安心感にもつながる。3つ目として、文部科学省が運営す
るサイト「かすたねっと」の活用がある。これは、各地で公開されている多言
語による文書や日本語指導、特別な配慮をした教科指導のための教材等の資料
が無料で検索できる（写真3-2）。

　近年は、学齢期に不就学であったり、出身国で中学校を未修了であったりな
どの理由から、公立夜間中学や中学校卒業程度認定試験を経て、高校進学する
外国につながる生徒も珍しくない。また、外国で学校教育における9年の課程
を修了してそのまま日本の高校を受験し、日本の中学校での通学経験のない生
徒も増えている。しかしながら、こうした人は、全体で一握りでしかない。地

写真3-2　「かすたねっと」（文部科学省）

域のリソースにアクセスできず、学びを断念している人が多いのが実際である。そして、文化的背景の多様化によって、ジェンダーの違いで学校に通えない子どももいる。宗教上の配慮や保障をしながらも、日本の就学の考え方を適切に伝えることが求められる時代になっている。

おわりに

　多様なルーツをもつ子どもが増加するなか、同じ地域に暮らす市民に求められる視点とは何か。それは、なぜこうした現実が起きているのか、自分の目で社会を見る「虫眼鏡」をもつことと、想像力を高めることではないだろうか。この虫眼鏡とは、意識しなければ「見えない社会」を見ることを示す。例えば、私たちの日々の豊かさは、日本人だけで成り立たない。全国の大手コンビニで働く外国人店員はすでに4万人超となり、全国平均でスタッフ20人に1人の割合を占める（芹澤 2018）。現在の生活の維持を選択するのであれば、人口減少と少子高齢化の急速な進展が進む日本社会において、外国人店員に頼らなければならない現実があることを私たちは理解すべきだろう。つまり、私たちの生活の豊かさの背景にあるヒトやモノとのつながりを考えることなしに、外国人

労働者の受入れの賛否の議論は成立しない。

　早くから外国人住民と共に暮らすことを「覚悟」した自治体は、子どもの多様性に伴った教育実践を進めることで、外国人の子も日本人の子も共に育む場をつくっている。若い世代が少なく、中高年層に厚みのある年齢構造に変化する前述の岐阜県可児市では、納税者となって暮らす外国ルーツの若者が徐々に増えている。生まれたところも、言語も文化も、背景が異なる彼（女）たちに共通するのは、「育ててくれた街」を「ジモト」と表現すること。こうした外国ルーツの子たちは日本の将来の人的資源であることにもっと着眼し、地域住民の1人として育てる環境を地域の特徴を生かした「連携」でつくっていくことが、街の活力と直結していると、外国ルーツの若者たちの活躍する姿をみると強く感じる。

◉文献 --
外国人生徒・中国帰国生徒等の高校入試を応援する有志の会（2019）「都道府県立高校の外国人生徒及び中国帰国生徒等への2020年度高校入試特別措置等について」https://www.kikokusha-center.or.jp/shien_joho/shingaku/kokonyushi/other/2019/koko-top.htm
小島祥美（2015）「ブラジル人学校における日本の学校健診モデルの適用の可能性」『学校保健研究』56（6）、427～434頁。
小島祥美（2016）『外国人の就学と不就学：社会で「見えない」子どもたち』大阪大学出版会。
公益財団法人入管協会「在留外国人統計　平成12・31年版」。
文部科学省「学校基本調査　平成11年版～30年度版」。
文部科学省（1991～2018）「日本語指導が必要な児童生徒の受入状況等に関する調査」https://www.mext.go.jp/a_menu/shotou/clarinet/genjyou/1295897.htm（2020年4月1日）。
文部科学省（2019）「外国人の受入れ・共生のための教育推進検討チーム報告書」http://www.mext.go.jp/a_menu/kokusai/ukeire/1417980.htm（2020年4月1日）。
文部科学省（2020a）「外国人の子供の就学状況等調査結果（確定値）について」https://www.mext.go.jp/b_menu/houdou/31/09/1421568_00001.htm（2020年4月1日）。
文部科学省（2020b）「日本語指導が必要な児童生徒の受入状況等に関する調査（平成30年度）の結果の修正について」https://www.mext.go.jp/b_menu/houdou/31/09/1421569_00001.htm（2020年4月1日）。
文部科学省（2020c）「外国人の子供の就学促進及び就学状況の把握等に関する指針の策定

について（通知）」https://www.mext.go.jp/a_menu/shotou/clarinet/004/1415154_00002. htm（2020年7月30日）。

芹澤健介（2018）『コンビニ外国人』新潮新書。

UNESCO Institute for Statistics（2019）
http://uis.unesco.org/sites/default/files/documents/new-methodology-shows-258-million-children-adolescents-and-youth-are-out-school.pdf（2020年4月1日）。

第4章

移住労働者(移民)と
その家族の生存権保障の実態
――課題と展望

大川昭博

＊「移住労働者」「移民」という用語について

　日本では「外国人」という言葉がよく使われますが、筆者が所属する（特非）移住者と連帯する全国ネットワーク（移住連）では、狭義には、国連をはじめとする国際機関が使用する、国境を越えた移動により別の地で暮らすようになった人びとを指すmigrantsの意味で、広義には、移住先で生まれた移民二世や三世などを含めて、「移民」あるいは「移住者」という言葉を使っています。

　本稿においては、働くことを目的として来日した移住者について述べるときは「移住労働者」を、移住労働者や移民の家族も含めた広い概念として論述するときは、「移民」を使用しています。

1. 移住労働者（移民）受け入れと使い捨ての歴史

（1）移住労働者を使い捨てにした、「バックドア」の受け入れ

■子どもの風邪で1万円：オーバーステイとなったAさんとBちゃんの場合

　都心に住むフィリピン人Aさんの家族。2人の間には4歳になるBちゃんがいる。ある日の朝、Bちゃんの様子がいつもと違うので、体温を測ってみたところ、38度3分あった。どうも風邪を引いてしまったらしい。

　ところが、困ったことにお母さんのお財布にはお金がない。お父さんの給料は日払いなので、今日の生活費は夕方にならないと入らない。お母さんの給料は月末で、毎月の家賃、水光熱費の支払いに消えてしまっている。

　仕方がないので、お母さんは仕事を休み、引き出しから買い置きの熱さましを出してBちゃんに飲ませたが、次の日になっても熱はいっこうに下がらない。そこでお母さんは、お父さんの昨日の給料を握りしめ病院に連れて行ったところ、熱は下がってBちゃんは元気になったが、薬も入れて1万800円、お金は全部病院の支払いに消えてしまった。

　Aさん家族には、Bちゃんも含め在留資格がない。お父さんは、出稼ぎ労働者として短期滞在の資格で入国し、超過滞在になった。お母さんと知り合い、やがてBちゃんも生まれたので、日本で働き暮らすことを決意した。

　お母さんは、当初日本人と結婚するため来日、しかし、日本人夫からの暴力、夫の実家からいじめを受け、家出同然に飛び出したお母さんは、同国人の助けでなんとか仕事を見つけ暮らしていたところ、お父さんと知り合い、一緒に暮らすことになった。

　お父さんの仕事は建築現場で、給与は日払いである。多くの企業は出入国在留管理局（以下、入管）の目を恐れて、在留資格のない人を雇ってくれないので、安定した月払いの給与の仕事には就けない。お父さんも、「雇ってくれればまし」という思いから、生活はきつくても今の仕事を続けている。

一方、お母さんも、お父さん同様に在留資格がないため、他に勤めるところもなく、勤務時間が短ければ保育園の送り迎えに間に合うということもあって、給料が安くても我慢して仕事を続けている。

　両親ともに在留資格がないため、Ｂちゃんは、日本国内で生まれたにもかかわらず「非正規滞在」となる。住民票も作られないことから、お父さんお母さんが市区町村役場の窓口でどんなに頼みこんでも、国民健康保険証を発行してもらうことはできない。

　健康保険がないと、窓口負担は大幅に増える。軽い風邪で１回１万円も取られるのであれば、ぎりぎりの収入で生活しているＡさんたちが、Ｂちゃんを病院に連れていくのをためらうのも無理はない。在留資格がない、というただそれだけの理由をもって、Ａさん夫婦とＢちゃんは、いのちと暮らしの不安に、日々さらされている。

　Ａさんたちが来日したのは、1980年代の後半である。この時期の日本社会は、バブル景気により建設労働を中心に人手不足が発生、加えてアジア諸国との経済格差を背景として、海外から多数の移住労働者が流入した。

　日本政府は、単純労働者の受け入れを認めないという姿勢を変えないまま、非正規労働者が多数国内で働いていることには目をつぶる、という「バックドア」からの労働者受け入れが、半ば公然と行われたのである。

　こうして多くの移住労働者たちが、当時の貴重な労働力として社会を支えていたにもかかわらず、「不法就労者」とされた。そして、在留資格をもたぬゆえに、いつ入管に収容され強制送還されるかもしれない恐怖におびえ、その弱みに付け込まれ、低賃金かつ劣悪な労働条件で働かされていた。皆保険制度や生活保護からも排除され、病院に行くお金がなく、ぎりぎりまで我慢した結果、重篤な病気やケガで救急搬送され、高額の医療費が払えない、あげくは病院をたらいまわしにされるという事態が相次いだ。

　入れるだけ入れて、「不法滞在者」の烙印を押し、働かせるだけ働かせ、正規の資格の在留資格を与えず、必要がなくなったら追い返す。Ａさん家族も、この時期のバックドア受け入れ政策の犠牲者であった。

（2）生活者として受け入れる意識を欠いた、1990年代の日系人受け入れ

■定住資格があるのに国民健康保険に入れない：日系ブラジル人Cさんの場合

　日系ブラジル人のCさんは、1990年に家族とともに入国し、東海地方の自動車部品の工場で働き始めた。定住の在留資格を得て外国人登録（当時）も済ませたが、日本の制度がよくわからず、Cさんの10歳になる息子はしばらく学校にも通えなかった。息子については、先に来日していた同国の日系人の世話で、入学手続きは何とか済ませたものの、市役所で国民健康保険に入ろうとしたところ、「あなたは会社の健康保険に入るべき人なので、国民健康保険には入れない」と言われ、加入を拒否された。そこで会社に健康保険に入れてくれるよう頼んだが、「うちの会社は、経営者（家族）しか健康保険に入れない」と言われ、こちらも拒否。同じ団地に住む日本人パートの人は国民健康保険に入れていることを知っているCさんは、「なんで外国人だけダメなの」と、不公平感を募らせている。

　バックドアの受け入れに少し遅れて行われたのが、「サイドドア」の受け入れ、別の名目により受け入れつつ労働者として使っていくというやり方である。

　初めに行われたのは、日本人の親族であることを正当化の基盤として行われた、主に南米出身の日系人受け入れである。1990年に入管法が改定され、「日系2世」の配偶者やその子（日系3世）には「定住者」としての在留資格が与えられるようになった。南米諸国が経済危機に陥っていたこともあり、本国で失業した多数の日系人の流入が始まり、ポストバブルの不況期において、安価な使い捨て労働力として酷使された。その結果、労働現場で移住労働者の解雇、賃金不払い、労災問題が頻発する。

　とはいえ、日系人たちには「定住」という、就労に制限のない在留資格が与えられた。家族の同行や呼び寄せも可能であり、日系ブラジル人やペルー人が集住する地域も形成された。

　しかし日本政府は、日系人を生活者として受け入れようという意識がなく、就労や地域への定住を想定して法律や制度を整備することを怠っていた。また

日系人が集住する地域では、医療問題、子どもの教育問題が噴出した。そして、国保料未納の発生による財政負担を避けることを口実として、Cさんのように、「会社に勤めているから」ということを理由に国保に加入させない運用を行う自治体も出てきた。この運用については、国会でも問題とされ一部自治体では是正されたが、3か月を超える在留資格をもつ「中長期滞在者」の国民健康保険資格の取得が権利として確立するのは、後述する2012年の住民基本台帳法改定まで待たなければならなかった。

(3) 実習、技術移転、留学を口実に労働力を搾取する、「サイドドア」からの受け入れ

■妊娠を理由に職を失った、ベトナム人技能実習生Dさんの場合

クリーニング工場で働いていたベトナム人のDさんは、実習中に妊娠に気づいた。来日前、本国のブローカーと結んだ契約書には、妊娠したら帰国させる旨の記載があり、日本に来てからも、監理団体の人から同じことを言われていたDさんは、妊娠がわかれば帰国させられると思い、誰にも相談できないまま、ある日実習先を逃げ出し、他県に住む友人宅に転がり込んだ。

Dさんは、ベトナムで技能実習のあっせんを受けるにあたり、ブローカーに多額の借金をしている。帰国すれば、本国の家族に多大な迷惑がかかってしまう。悩んでいるうちに、Dさんは、妊娠7か月になった。技能実習の在留資格はあと9か月残っているが、仕事に行くわけにもいかず、困り果てて、市役所の助産師に相談する。

相談を受けた助産師は、まず技能実習先の会社に健康保険に問い合わせた。しかし会社は、本人が無断でいなくなったので、受け入れは終了し、これから健康保険資格喪失の手続きをとる、という。通常であれば、就業中に妊娠すれば、産前産後休暇や育児休業の取得により、雇用が継続するのだから、Dさんの雇用も継続してほしい、と頼み込んだが、もうウチの社員ではないから、というにべもない返事が返ってくるのみであった。

幸い、技能実習の在留資格は残っていたため、友人宅に住民票を移し、国民健康保険に入ることはできた。助産師さんの尽力もあって、国民健康保険の出産一

時金を出産費用に充てることを条件に公立病院の産婦人科の予約を取り、3か月後、Dさんは無事に出産を果たした。

　大変なのはこれからの生活である。入管には、他の就労ができる在留資格への変更について相談したが、入管からは、今のままでは他の在留資格への変更は認められないので、帰国するように言われた。途方に暮れたCさんは、先の生活の見通しが立たないまま、小さな子どもと不安な日々を友人宅で過ごしている。

　日系人の次に行われたサイドドアの受け入れは、本来就労目的ではない在留資格をもつ技能実習生と留学生を労働者として働かせる、というやり方であった。
　非正規滞在者の安い労働力に依存できなくなった企業は、いわゆる開発途上国における人材育成を目的とした在留資格である「研修」、より実践的な技術、技能の移転を目的とした「技能実習」制度に着目した。しかし、その本来の目的（建前）とは別に、必ずしも技能を必要としない低賃金を特徴とし、かつ高

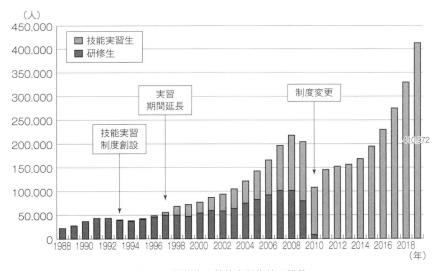

図4-1　研修生、技能実習生数の推移

出典：法務省大臣官房司法法制部『出入国管理統計年報』（各年版）、
法務省入国管理局1998『平成10年版 出入国管理』、同平成15年版（2003）以降各年版をもとに作成
（移住連編著：『移民社会20の提案』巻末資料を一部修正）

齢化の進展により労働力供給がひっ迫している中小企業や農業などの第1次産業を中心に受け入れが広がっていく（図4-1）。

　そして今や日本の産業は、技能実習生の存在なくしては成り立たなくなった。にもかかわらず、技能実習生の賃金や労働条件は劣悪であり、低賃金、長時間労働、劣悪な住居、外出制限やパスポートの没収など、そのあまりに酷い実態が、2018年末の臨時国会でも大きく取り上げられたのは、記憶に新しいところであろう。

■バイトに追われ退学となったネパール人留学生Eさんの場合

　ネパール人留学生のEさんは、これまで「留学」の在留資格で、1年間の在留期間で滞在し、専門学校に通っていた。そして、生活費のために、学校が終わってから近所のファミリーレストランの厨房でアルバイトをしていた。

　ところが、他のアルバイト学生が急にやめてしまい、ファミレスの店長と本社のマネージャーからは、Eさんに次の人が見つかるまでの短い期間でいいから、昼のシフトに入ってくれないか、懇願された。Eさんは、学校に行けなくなるのではと心配したが、短い間なら何とかなるだろうと思い引き受けた。しかし、次のバイトは見つからず、Eさんも学校の出席日数が足りなくなってしまうので、シフトを変えてほしいと店長に申し入れたところ、「今さらシフトは代えられない。イヤなら自分で代わりを見つけてこい」と半ば脅しに近い口調で言われてしまった。

　結局、学校には行けないまま、Eさんは退学扱いとなり、留学生の在留資格更新もできず、アルバイトも認められなくなってしまった。Eさんも、留学に際して本国で多額の借金があり、帰るに帰れず困り果てている。

　技能実習生と同じことは留学生についてもいえる。2008年に「留学生30万人計画」が標榜され、「日本を世界に開かれた国とし、人の流れを拡大していくために重要である」ことが強調された。少子化に伴い経営がひっ迫する学校経営者の救済的な要素ももつ政策ではあったが、小売業界や外食産業など技能実習の対象とならないパート労働力不足を補うものとして留学生が「利用」さ

れていった。ゆえにその実態は技能実習生と変わることなく、多くは出身国での日本語学校入学のための多額の借金を抱えていた。学校が留学生を囲い込み、日本語はほぼ教えず、地元企業へと紹介して、法律上限の週28時間以上働かせるという、地域ぐるみで「食い物」にされる例すら発生している。

（4）技能実習と資格外活動が半数を占める、移住労働者のゆがんだ就業構造

「サイドドア」の受け入れは何をもたらしたか。それは、諸外国にも例を見ない、いびつで不安定な労働人口構成である。2019年度に厚生労働省がまとめた、在留資格別外国人労働者数を見てみよう（図4-2）。

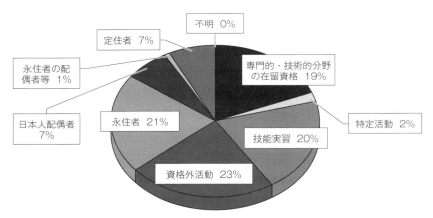

図4-2　在留資格別労働者数
出典：厚生労働省「外国人雇用状況」の届出状況まとめ（2019年10月末現在）より筆者作成

まず、職種を限定して認められる「専門的・技術的分野の在留資格」は、32万9034人（19％）、ワーキングホリデーに代表される「特定活動」が4万1075人（2％）、技能実習が38万3978人（20％）、留学生等のアルバイトが多数を占める「資格外活動」は37万2894人（23％）、そして永住、定住、日本人配偶者等活動に制限のない「身分に基づく在留資格」は53万1781人（35％）となっている。

つまり、外国人労働者の45％は、技能実習生・留学生などの「サイドドア」からの労働者によって占められる、というという驚くべき実態が浮かび上がる。これに専門的・技術分野の在留資格、および特定活動を加えると、国内での活動が制限されている労働者の占める割合が、全体の3分の2を占める。

　雇用情勢の悪化、あるいは産業構造の変化により不必要な労働力とされれば、失業の危機に直面する。移住労働者は、在留資格により就労分野が制限されているがゆえに、他分野への転職が認められなければ、あるいは転職先が見つからなければ、在留資格の喪失の危機に直面する。それは、国内で築き上げてきた生活基盤の喪失も意味する。

(5)「労働力は受け入れるが、定住化は阻止する」日本政府

　ゆがみを生み出したものは何か。それは、「外国人材」は受け入れる。しかし移民の定住化は可能なかぎり阻止するという、日本政府の一貫した姿勢である。

　2018年の入管法改定では、非熟練労働者は受け入れないという従来の方針は大きく転換し、「特定技能」の新設により、非熟練労働とみなされる分野へ移住労働者を受け入れるという大きな政策転換があった。つまり、初めて「フロントドア」からの受け入れに踏み切った、という意味では大きな政策転換である。

　しかし、特定活動1号は、「在留期間は5年まで」「家族帯同の禁止」「就労活動を在留資格で限定」であり、定住化阻止の姿勢は何一つ変わっていない。移民政策はとらない、と公言しつつ、経済界からの要請に応える形で、バックドア、サイドドアからの受け入れは進め、そしてフロントドアの受け入れを開始した今となっても、「外国人材」という言葉に象徴されるように、定住化の阻止という点では、間違いなく政策の連続性を保っている。この「定住化の阻止」を基本とする政策が、移住労働者、そして移民として日本で暮らす人たちの健康や生活保障に暗い影を及ぼしている。

(6)「いのちの危機」にさらされる非正規滞在者たち

■収容を解かれて病院に行けない：仮放免となったイラン人Fさんの場合

　イラン人のFさんは、難民申請が認められず入管に収容された。収容中のストレスから胃に痛みを覚えるようになり、医師の診察を受けたいと何回も警備官に懇願したが、相手にしてもらえなかった。半年ほど経ってようやく診察を受けることができたものの、数日分の薬をもらっただけだった。

　その後もFさんは治療を要求していたが、あるとき猛烈な痛みに襲われ収容所外の病院に救急搬送され、悪性の胃潰瘍と診断された。退院後も痛みが続き日に日に衰弱していったFさんは収容に耐えられなくなり、仮放免が認められた。しかし、医療機関の紹介状ももらえず、収容中にもらっていた薬も切れてしまう。病院にかかりたいが、健康保険もお金もないので、病気が悪くなったらどうしようか、悲嘆に暮れている。

　1990年代の「不法滞在労働者」たちの多くは、入管によって半ば強制的に本国に送り返された。政府は2004年から「不法滞在者半減政策」を掲げ、非正規滞在者を次々と収容し、強制的に帰国へと追い込んでいく。メディアによる「外国人犯罪」「密入国」などのネガティブな報道、犯罪キャンペーンが過熱したのもこの時期であった。

　人権を無視した「半減政策」の結果、1993年には30万人近く存在した非正規滞在者は、2008年（半減政策開始の5年後）には、15万人に「半減」した（図4-3）。

　非正規滞在者はその後も減り続ける。しかし、2014年に約6万人にまで減少した非正規滞在者は、2019年には7万4000人と増えている。

　そのなかに「仮放免」という形で収容を解かれた人たちがいる。仮放免とは、入管法違反により収容されていた外国人について、請求により又は職権で一時的に収容を停止し、身柄の拘束を仮に解く措置のことである。日本の入管制度は、違反者に対し「全件収容主義」を採っているが、仮放免は被収容者の健康

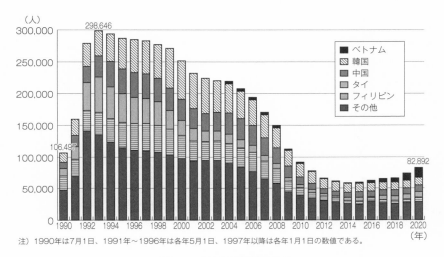

（人）
300,000
298,646
250,000
200,000
150,000
106,497
100,000
82,892
50,000
0

ベトナム
韓国
中国
タイ
フィリピン
その他

1990 1992 1994 1996 1998 2000 2002 2004 2006 2008 2010 2012 2014 2016 2018 2020
（年）

注）1990年は7月1日、1991年～1996年は各年5月1日、1997年以降は各年1月1日の数値である。

図4-3　非正規滞在者の推移

出典：法務省入国管理局『出入国管理』（各年版）、法務省HP（http://www.moj.go.jp/）をもとに作成
（移住連編著：『移民社会20の提案』巻末資料を一部修正）

上の理由、帰国準備等のために身柄の拘束をいったん解く必要が生じる場合などの対応のために設けられた。

　収容を解かれたとはいえ、仮放免となった人は入管の厳しい監視下に置かれている。入管に定期的に出頭することが求められ、出頭したその場で、いきなり再収容されることもある。自分が住んでいる都道府県の外へ行くときは、事前に入管の許可をもらわなければならない。そして、働くことは許されていない。家族や友人の援助で、辛うじて食いつないでいくしかない。

　非正規滞在者は、国民健康保険の加入が認められず、生活保護も受けられない。同居の家族が勤め先の健康保険に加入している場合は、被保険者家族としてもらう方法もあるが、それも望めなければ、医療費は全額自己負担するしかない。

　収容中であれば、医師の診察を受けることはでき、費用も入管持ちとなる。しかし、被仮放免者の医療については、「入管法上そのような規定がなく、したがって、入国管理局が仮放免者の治療費用までを拠出する根拠がない」とい

うのが、法務省の見解である。

　仮放免は、収容の一環として行われる措置である。仮放免中であっても被収容者同様、医師の診療を受けさせ、症状により、適切な措置を講じる義務が、入管にはあってしかるべきだろう。Eさんのように、病気により収容に耐えられないことを理由として仮放免が行われる例もある。入管が仮放免を決めておきながら、その人に対して医療保障が全くない、というのは極めて非人道的な措置である。

2. いのちの差別とセーフティネットの逆転構造

（1）国籍条項は撤廃されたが…在留資格に左右される医療・福祉・社会保障

　人の生きる権利が、在留資格に左右される。在留資格を失えば、病気になっても適切な医療が受けられず、人として当たり前の生活すら送ることができない。このような「いのちの差別」はどうやって生まれてきたのだろうか。

　日本は戦後長らく、多くの社会保障制度に国籍条項を設け、外国籍者を排除してきた。その流れが変わったのが1980年代である。

　まず1979年には国際人権規約が批准され、1981年には「難民の地位に関する条約」が批准された。それを受けて、1986年にようやく国民健康保険、国民年金、児童手当等、生活保護を除く社会保障制度の国籍条項が廃止される。

　しかしその後は、移民に対する社会保障を受ける権利の制限が始まる。国際人権規約に定められた内外人平等原則が貫徹されず、移民の社会保障における権利は、基本的に出入国管理政策である在留資格に左右されていく。

　その皮切りとなったのが、1990年、生活保護制度において非正規滞在者を生活保護から排除するという運用であった。1990年厚生省（当時）は全国の自治体に対し、生活保護の準用を「適法に日本に在留し、活動に制限を受けない永住、定住等の在留資格を有する外国人」に限定することを口頭で通知した。その結果、これまで緊急入院等で医療費の払えない非正規滞在者に対する急迫

保護の道が閉ざされた。

　次に行われたのが、国民健康保険の対象を「入国時点」で1年以上の在留資格をもつ正規滞在者に限定したことである。1992年に厚生省（当時）は「保険発第41号国民健康保険課長通知」を発出し、国民健康保険被保険者資格を得る外国人は、「入国当初の」在留資格が1年以上（またはその見込み）の正規滞在者に限定することを通知した。この通知により、医師の診断により1年以上治療見込みと診断されたケースの国保加入の道が閉ざされ、病気治療ができない非正規滞在者が激増した。

　流れが変わったのは1995年である。厚生省（当時）による「外国人に係る医療に関する懇談会」報告により、経済的理由により入院助産を受けることができない場合には、助産施設において対応可能な旨を外国人相談窓口や福祉事務所等に周知徹底するなど、円滑な受け入れができる工夫をするべきである、ということが指摘された。そして、2000年5月26日「外国人の医療と福祉に関する質問主意書」に対する政府答弁が出され、児童福祉法に基づく入院助産制度及び育成医療、母子保健法に基づく養育医療制度、母子保健法に基づく母子手帳の交付や予防接種法に基づく予防注射について、在留資格を問わず適用となることが明言された。

　一方、国民健康保険については、2004年に非正規滞在者の国保除外が省令化された。2004年最高裁は、「家族と共に安定した生活を継続的に営んでおり、将来にわたってこれを維持し続ける蓋然性が高いと認められ、法5条にいう『住所を有する者』に該当する」と判示し、在留資格のない外国人を国保加入させなかった決定を違法と判断した一方で、「対象者を国内に適法な居住関係を有する者に限定することには合理的な理由があり、国保法施行規則又は各条例で在留資格を有しない外国人を適用除外として規定することは許される」とした。これを受けて、2004年に厚生労働省は、これまで通知で示していた非正規滞在者の排除を、国保法施行規則第1条に明記するに至る。

　そして2012年の入管法改定にともない、3か月を超える在留資格をもつ中長期滞在者が住民登録の対象とされ、国民健康保険の被保険者資格を有すること

となった。その一方で、外国人登録法の廃止により、非正規滞在者や3か月以内の在留資格をもつ人の記録が自治体から消え、在留資格にかかわらず利用できるはずの制度や自治体サービスからも排除される例が増えた。

（2）外国籍者はすべてが救われない…セーフティネットの逆転構造

このように、移民の社会保障を在留資格で規定する政策をとり続けた結果、移民の医療保障に大きな穴があくこととなる。

日本の医療システムは、「会社勤めの人は健康保険」→「会社勤めでない自営業者、高齢者等は住所地の国民健康保険」→「最低生活維持困難な人は生活保護」というように、セーフティネット機能の守備範囲を広げることにより、すべての人の生存権を守る、という構造になっている。

しかし、移民の場合は、会社勤めの人は基本的に同じだが、国民健康保険は在留期間が3か月を超える人に限られ、生活保護に至っては、定住、永住、日本人配偶者など身分系の在留資格がなければ対象とならない。セーフティネットの守備範囲が逆に狭まっていく（図4-4）。つまり、移民には社会保障制度におけるセーフティネット機能が適正に働かない、という構造が形作られている。

（3）「定住化阻止」政策がもたらしたもの：高い疾病リスクと非正規滞在者の健康破壊

日本経済は移民の労働力に多くを依存しながら、生活者としての権利保障の視点を欠いたままの受け入れを続けた。その結果、移民労働力の半分近くを占める技能実習や留学生等、安定しない在留資格をもつ労働者全体の3分の1を占め（図4-5）、生活や労働条件の悪さに起因する疾病リスクが一段と高まりつつある。また国内に7万人以上存在する非正規滞在者のほとんどは健康保険加入の道が閉ざされている。

非正規滞在者について辛うじて利用できる可能性があるのは、社会福祉法に規定する無料低額診療事業と、一部の自治体が独自に設置する緊急医療費未払補填事業、配偶者が健康保険資格をもっている場合における健保被扶養者資格と、入院助産制度や養育医療等健康保険制度から独立した社会福祉制度のみで

医療のセーフティネット　日本国籍者の場合は

医療のセーフティネット　外国籍者の場合は

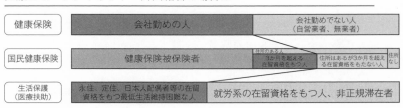

図4-4　セーフティネットの逆転構造
出典：筆者作成

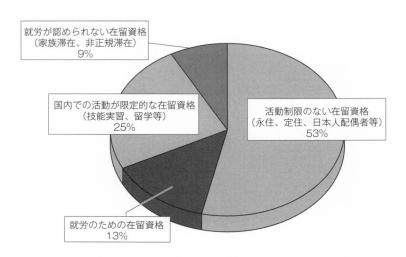

図4-5　安定しない在留資格の外国人が、全体の3分の1を占める
出典：法務省「在留外国人統計」より筆者作成

ある。

　それ以外の住民サービスはどうか。2014年に入管法が改定され外国人登録
制度が廃止されたとき、総務省は全国の自治体に通知を出し、法改正以前に在
留資格がない人に対して行っていた住民サービスについて、法改正前と同等に
適用することを求めている。しかし、自治体の判断で、母子保健の制度を中心
に、適用から排除される例は後を絶たない。「オーバーステイすなわち権利な
し」という発想で、法令や通知に根拠のない対応、あるいは非適用を前提とし
た解釈がまかり通っている。

　困窮が深まれば深まるほど、制度利用の可能性が閉ざされる、セーフティネ
ットの逆転構造、それは、政府の政策に一貫する「定住化の阻止」政策により
生まれた、といっても過言ではない。

3. 差別なき生存権保障のために：すべての制度への包摂と相談支援の充実を

(1) 移民は「ここにいる」

　この間、海外から多くの人が日本国内に移住し、移民として日本社会の構成
員として社会を支えてきた。にもかかわらず、移民にかかわる政策は出入国・
在留管理に偏り、生活を支える政策は、ほとんど実施されてこなかった。政府
も、「移民は受け入れない」「移民政策はとらない」と繰り返し述べることによ
り、「移民社会」である現実から目を背け、日本に暮らす移民の権利を奪って
きた。この結果、多くの移民が、貧困と差別のなかに苦しむこととなった。

　現実を正しく踏まえれば、「移民を受け入れるべきかどうか」ではなく、す
でに日本は移民社会であり、移民が「ここにいる」という前提にたって、一人
ひとりの人権が守られる社会づくりに向けた行動計画を考えなければならない。

(2) 2019年入管法改定前夜：フェイクニュースに踊らされた「国民」たち

　日本社会が移民問題とどう向き合うか、そのことが問われた社会現象として、

入管法改定前夜のある出来事を基に考えてみたい。

2017年から2018年の夏ごろにかけて、健康保険、国民健康保険に、外国人が「ただ乗り」している、外国人の受け入れが進めば、日本の医療保険制度が崩壊する、といった内容の記事が週刊誌に相次いで掲載された。さらには、新聞にも同様の記事が掲載される、あるいはテレビで放送されるといった事態が続いた。

これら一連の記事や番組は、具体的な根拠が示されず、移民への差別や偏見に満ちていた。しかし、これらの報道に呼応するかのように、国や医療機関、あるいは国会や地方議会までも巻き込んだ、「外国人健康保険ただ乗り」キャンペーンが繰り広げられた。

一連の報道を受け、厚生労働省は2017年3月に「在日外国人の国民健康保険利用に関する実態調査」を行った。案の定「不正」が推測される例はわずか2件しか確認されなかった。にもかかわらず厚生労働省は、2018年1月から「外国人被保険者が在留資格の本来活動を行っていない可能性があると考えられる場合」には、区町村役場が法務省入国管理局にその旨を通知するよう求めた。

フェイクニュースに踊らされたのは政府だけではない。本来患者の健康を守るはずの医療機関のスタッフたちが、「外国人健康保険ただ乗り」の主張に追随するかのような動きを見せはじめた。訪日・在日外国人患者が多く訪れる医療機関のなかには、健康保険証の他、診療受付の際に必ず写真付き身分証明（パスポート、在留カード）の提示を求めることをホームページ等で標榜しているところも出始めた。医療費の確実な回収を優先する医療機関経営上の視点、あるいは「日本人と比較しての不平等感」を強調する専門職の主張も目に付いた。

(3) 移民受け入れは「コスト」？：「総合的対応策」の反人権的なスタンス

そして2018年12月の入管法改定を受けて、政府は「外国人材の受入れ・共生のための総合的対応策」を閣議決定した。医療に関する項目は、以下のとお

りである。

○通訳・翻訳に係る費用を患者に請求できることを知らない医療機関も多いことから、これらの費用を請求することも可能であることを周知する。〔厚生労働省〕《施策番号22》

○国民健康保険・国民年金については、保険料を一定程度滞納した者からの在留期間更新許可申請や在留資格変更許可申請を不許可とする等の対策を講ずる。〔法務省、厚生労働省〕《施策番号93》

○医療保険の適正な利用の確保のため、健康保険の被扶養者や国民年金第3号被保険者の認定において、原則として国内に居住しているという要件を導入する。〔法務省、厚生労働省〕《施策番号94》

○国民健康保険については、市町村において、在留資格の本来活動を行っていない可能性があると考えられる場合に法務省に通知する枠組みを試行的に創設したが、高額療養費の現物支給化に必要な限度額認定証の申請時においてのみ通知する仕組みであることから、さらなる連携強化を図るため、海外療養費や出産育児一時金の支給申請時など、通知対象を拡大する。〔法務省、厚生労働省〕《施策番号94》

○他人の被保険者証を流用するいわゆる「なりすまし」に対しては、医療機関が必要と判断する場合には、被保険者証とともに本人確認書類の提示を求めることができるよう、必要な対応を行う。その際、本人確認書類が提示されないことのみをもって保険給付を否定する取扱いとはしないこととする。〔法務省、厚生労働省〕《施策番号94》

　移民受け入れは「コスト」であると言わんばかりである。ここには、移民を生活者として受け入れ、健康に生きる権利を保障していこうという姿勢はみじんも感じられない。

　考えなければいけないのは、「総合的対応策」が出される前から自治体や医療機関から、同じような意見、要望が、「現場の声」として出されていたとい

う事実である。「外国人健康保険ただ乗り」といった根拠なき発想が広まるなかで、本来、移民も含めた住民の権利を守る立場に立つべきである自治体行政、医療、福祉に関わる人までもが、メディアの「わかりやすい」、しかし「木を見て森を見ない」言説にふりまわされていった。

(4) 差別なき制度が、強固な社会保障制度をつくる

　冷静に考えれば、移民の受け入れが、日本の皆保険制度を崩壊させることはない。現行制度はすでに日本人と同様の負担を外国人に求めている。国民健康保険は、国内で生活を営んでいる人であれば、日本人であるか否かを問わず、他の保険制度の資格をもつ人、および生活保護受給者を除いて、自分が住んでいる市区町村が運営する国民健康保険に加入し、保険料を支払う義務が生じる。外国籍者についていえば、2012年の住民基本台帳法の改正に伴い、3か月を超える在留資格を有する中長期滞在者が住民登録の対象とされたことから、3か月超える在留資格をもつ外国籍者はすべて国保に加入し、保険料を納める義務が生じる。「ただ乗り」の発生する余地はない。

　さらにいえば、今政府が受け入れようとしているのは、「新たな外国人材」つまり企業に雇用される労働者である。とすれば、国民健康保険ではなく、被用者保険である健康保険制度の対象となる人が大半となる。国民健康保険が被保険者の保険料と税で折半しているのと違い、健康保険制度は基本、外国人を雇うことによって利益を得る企業と、働くことで賃金を得る外国人労働者の保険料によって医療費等が賄われるから、外国人労働者が増えても、社会全体の負担が増えるわけではない。

　現行の医療保険制度は、新たに入国した人を優遇しているわけではない。元から住んでいる人と同等に、住まいを定めた、あるいは働き始めたその日から所得に応じた負担を求め、医療が必要になったら、一定の自己負担のもと必要な医療を提供する、という点では、「外国人」にも「日本人」にも至って公平平等な制度設計となっている。新たに入国する人も、分け隔てなく日本の医療保険制度にエントリーしてもらい、財政面からも制度を支えてもらうこと、そ

して医療を必要とする人に治療を保障していくことが、より強固な皆保険制度の構築につながる。

そして、現在公的医療保障の対象から漏れ、無料低額診療事業や限られた福祉制度しか対象とならず、NGOの支援で辛うじて生活をつないでいる非正規滞在者に対し、1日も早く医療保障の手立てをとることも忘れてはならない。

(5) 当事者の立場に立った相談支援と通訳保障が必要である

医療・福祉の役割は、病気の治療、あるいは生活問題の解決に関わることにより、その人の苦しみを和らげることにある。たとえどのような人であっても、治療、支援を提供するのが、医療や福祉相談機関の使命でもある。

支援に携わるスタッフが、通訳を活用して、移民当事者からじっくり事情を聞き取り、あるいは制度や利用上のルール、そして治療・支援方針の説明をきちんと行うことにより、治療や支援が効果的に進む。医療機関であれば、重篤化する前の早期治療が可能となり、当事者の負担も、医療保険制度の負担も軽減していく。

相談支援にあたってはコミュニティ通訳、特に医療通訳の公的な整備は不可欠である。ところが「総合的対応策」では、通訳費用を患者に請求できることも可能であることを、医療機関に周知するとしている。しかし、通訳費用を患者負担にすると、負担能力を理由に、通訳をつけることを躊躇あるいは忌避する人が出てくる。その結果、患者の知る権利が阻害され医療安全も保たれず診療に支障をきたすことになる。

自治体サービスも同様である。移民の国保加入が増えているのであれば、加入にあたり母語で書かれたパンフレットを用意し、その国の文化や制度に通じた通訳者を介して、国民健康保険の制度趣旨、給付内容と手続きの方法、そして「使いまわし」などの不正行為に対するペナルティも含め、丁寧に説明することを、まず行うべきであろう。

「総合的対応策」は、ここでも重大な誤りを犯している。国民健康保険・国民年金については、保険料を一定程度滞納した者からの在留期間更新許可申請

や在留資格変更許可申請を不許可とする等の対策を講ずるとしているが、国保料滞納は、大半が生活困窮によるものである。伴走型の支援により、公租公課の未納が解消してくことは、生活困窮者支援制度でも実証済みである。在留資格延長拒否をする前に、言語対応のできる（あるいは、専門通訳を介して）スタッフが面談をして課題を抽出して問題解決法を提示するというルールを入れる、ワンストップセンターに福祉専門職と通訳の配置を義務化して、聞き取りをしっかりすればさまざまな問題が可視化でき、滞納解消にも大きく寄与することになる。

4. 移住労働者、そして移民の生存権保障のために：人権と反差別の視点から

■がん治療のため娘を頼って：来日し健康保険で治療を受ける中国人Gさんの場合

　中国東北部の小さな街で夫と共に暮らしていたGさん。地元の病院で大腸がんではないかとの診断を受けた。しかし治療は大都市の病院でなければできず、Gさんの所得では治療費を払う見込みもなかった。

　Gさんには、日本人と結婚して日本で暮らす娘さんがいた。日本ではいい治療が受けられると聞いていたこともあり、娘さんに相談すると、娘さんの夫が勤めている会社にかけ合い、日本に来て娘さん家族と一緒に暮らすのであれば、健康保険の扶養に入れてもらえることになった。そこでGさんは、長年連れ添った夫を残して来日し、国内の医療機関で、長期間にわたる抗がん剤の治療をはじめることになった。

（1）移民の暮らしに対する想像力、そして人の尊厳を大事にすること

　この事例は、2018年7月23日に放映された、NHK『クローズアップ現代＋』「日本の保険証が狙われる〜外国人急増の陰で〜」のなかで紹介されていた事例を基に、筆者の想像も交え一部加筆したものである。放送では、外国人による医療目的で入国し、健康保険の扶養制度を利用して高額な医療を受けている

例として、この中国人女性（本書ではGさん）のインタビューを紹介している。

　放送でキャスターは、「外国人が病気になったときだけ来日して、保険に加入して治療を受けられる抜け道があることが分かってきた」と述べている。

　しかし、健康保険被扶養者資格は、国籍による要件に違いはない。この中国人女性の保険料は、被保険者である娘の夫が負担しており、これを「抜け道」呼ばわりするのは明らかな言いがかりである。まっとうな審査を経て健康保険の被扶養者資格を得ている以上、日本人との比較において公平性を問われる筋合いはない。

　この女性が日本にやってきた最大の理由が、日本で大腸がんの治療を受けることであったことは、本人たちもインタビューで正直に答えているところから見ても、おそらく間違いないであろう。しかしそうであったとしても、大腸がんの治療を受ける機会に恵まれていなかったこの女性が、日本で生活する実の娘を頼って来日し、日本人夫（およびその勤め先）の理解も得て、健康保険の被扶養者資格を取得し、治療を行うために来日することは、そんなに道義に外れた行為なのだろうか。「保険があるから日本に来た。全額自己負担なら絶対に来なかった」ことも、初めから日本の医療を目指して来日したというよりも、いくつかの選択肢を天秤にかけたうえでの、本人なりの精一杯の選択だったのではないだろうか。

　住み慣れた中国に夫を残し、言葉も習慣も違う不慣れな環境のなかで、がんの治療を続けることは、この女性にとっても決して楽なことではないのではないだろうか。女性は治療が終われば、すぐに中国に帰りたいと話している。これも医療目的による入国の証拠などではなく、治療さえ終われば、住み慣れた地に帰りたい、という心からの叫びではないだろうか。

　何よりもこの放送のスタンスには、人の暮らしに対する想像力と、人間の尊厳を大事にする姿勢が完全に欠落している。

　日本社会においても、過疎地等に住む老親を、医療設備の整った都心部に住む子どもが引き取り扶養する例は、ごく日常の光景となっている。とすれば、この事例も、医療目的の入国の是非を問うといった話ではなく、人ひとりの幸

郵便はがき

101-8796

537

【 受 取 人 】

東京都千代田区外神田6-9-5

株式会社 明石書店 読者通信係 行

||ᆙ|ᆞ|ᆙ|ᆙ|ᆙ|ᆙ|ᆙ|ᆙ|ᆙ|ᆙ|ᆙ|ᆙ|ᆙ|ᆙ|ᆙ|ᆙ|ᆙ|

お買い上げ、ありがとうございました。
今後の出版物の参考といたしたく、ご記入、ご投函いただければ幸いに存じます。

ふりがな		年齢	性別
お 名 前			

ご 住 所 〒　　　　-

TEL　　　（　　　）　　　FAX　　　（　　　）
メールアドレス　　　　　　　　　　　　　　ご職業（または学校名）

＊図書目録のご希望	＊ジャンル別などのご案内（不定期）のご希望
□ある	□ある：ジャンル（
□ない	□ない

書籍のタイトル

◆本書を何でお知りになりましたか？
　　　□新聞・雑誌の広告…掲載紙誌名 [　　　　　　　　　　　　　　　　　]
　　　□書評・紹介記事……掲載紙誌名 [　　　　　　　　　　　　　　　　　]
　　　□店頭で　　　□知人のすすめ　　　□弊社からの案内　　　□弊社ホームページ
　　　□ネット書店 [　　　　　　　　] ．□その他 [　　　　　　　　　　　]
◆本書についてのご意見・ご感想
　　■定　　　　価　　　□安い（満足）　　□ほどほど　　□高い（不満）
　　■カバーデザイン　　□良い　　　　　　□ふつう　　　□悪い・ふさわしくない
　　■内　　　　容　　　□良い　　　　　　□ふつう　　　□期待はずれ
　　■その他お気づきの点、ご質問、ご感想など、ご自由にお書き下さい。

◆本書をお買い上げの書店
　[　　　　　　　　市・区・町・村　　　　　　　　書店　　　　　　　　店]
◆今後どのような書籍をお望みですか？
　今関心をお持ちのテーマ・人・ジャンル、また翻訳希望の本など、何でもお書き下さい。

◆ご購読紙　(1)朝日　(2)読売　(3)毎日　(4)日経　(5)その他 [　　　　　新聞]
◆定期ご購読の雑誌 [　　　　　　　　　　　　　　　　　　　　　　　　　]

ご協力ありがとうございました。
ご意見などを弊社ホームページなどでご紹介させていただくことがあります。　□諾　□否

◆ご 注 文 書◆　このハガキで弊社刊行物をご注文いただけます。
　□ご指定の書店でお受取り……下欄に書店名と所在地域、わかれば電話番号をご記入下さい。
　□代金引換郵便にてお受取り…送料＋手数料として500円かかります（表記ご住所宛のみ）。

書名		
		冊

書名		
		冊

ご指定の書店・支店名	書店の所在地域		
		都・道 府・県	市・区 町・村
	書店の電話番号	（　　　）	

福追求権、あるいは、自分がどのように生きていくのかという自己決定の課題として考えなければならないのではないだろうか。

　国際人口移動が増加する今日、この中国人女性の事例は特別な事例でも、「不公平」な事例でもない。国境を越えた人の移住が当たり前となった今日、日本社会あるいはグローバルな社会のなかで考えていかなければならない課題ではないだろうか。

(2) 移民が、日本社会のかけがえのない一員として、権利を行使できる社会を

　筆者が参加している「特定非営利活動法人移住者と連帯するネットワーク（移住連）」のミッション（使命）は「移民・移民ルーツをもつ人びとの権利と尊厳が保障され、誰もが安心して自分らしく生きられる社会を実現することです。そのために、移民・移民ルーツをもつ人びとのエンパワメントを支えるとともに、国際人権基準にもとづき、人種・民族差別をはじめとするあらゆる差別に反対し、公正な社会づくりに貢献します。」（移住連ホームページより）である。

　多文化共生は、近年多くの自治体で、政策目標として掲げられているキーワードである。しかし、そこには人権と反差別の視点は極めて薄い。移民と向き合う立場にいる行政職員、民間福祉関係者、教育、医療関係者たちの大半は、その時々の状況や現象に対応しなければならない状況に置かれていることもあり、目の前の出来事が、移民個人に起因する問題ではなく、包括的な移民政策をもたない日本社会の問題の表れであることを自覚できないままでいる。

　「外国人問題」がメディアで語られるときも同様である。マジョリティである多くの日本人が、どうしても日本人、外国人と区分けされた自身の価値観、パターナリズムから自由になることができず、マイノリティである移民への差別が温存、助長されていく。

　　「移住の流れは、日本における永続的な現実になっている。だからこそ、移住者が日本社会のかけがえのない一員として、自らの権利と可能性を有

意義に行使できるような状況を作り出す長期的な展望と政策が、一刻も早く必要なのである。」

　これは今から10年前に来日した、「移住者の人権に関する特別報告者」であるホルヘ・ブスタマンテ氏が、2011年3月21日に国連人権理事会に提出した報告書の一節である。それから約7年あまりを経た現在、日本政府が打ち出した総合的対応策と、ブスタマンテ氏の見識とのあまりの乖離に、思わず天を仰ぎたくなるような心地すら覚える。

　しかし、移民はすでに「ここにいる」。そしてすでに、日本国内の各地で、移住労働者、移民そして移民にルーツをもつ人を支援するさまざまな営みが行われている。

　それは、人権保障と反差別の取り組みでもある。その支援で培われた経験知や実践知が、社会全体に共有され、包括的な移民政策として結実していくことを願う。そしてそれが実現すれば、日本社会は、誰もが自分らしく生きられる、多様性を豊かさと捉える社会、そしてより強固なつながりをもつ、安心で豊かな社会となるに違いない。

◉文献 --
・移民政策全般に関するもの
移住者と連帯する全国ネットワーク編著（2019）『移民社会20の提案』自費出版
高谷幸編著（2019）『移民政策とは何か：日本の現実から考える』藤原書店
宮島喬・鈴木江理子（2019）『新版外国人労働者受け入れを問う』岩波書店

・移民の医療、福祉、社会保障に関するもの
石河久美子（2012）『多文化ソーシャルワークの理論と実践：外国人支援者に求められるスキルと役割』明石書店
移住者と連帯する全国ネットワーク編（2019）『外国人の医療・福祉・社会保障相談ハンドブック』明石書店
特集「『内なる国際化』と社会福祉」『社会福祉研究』第135号（2019年7月）、鉄道弘済会

第5章

福祉的支援を必要とする
外国人の子どもたち

南野奈津子

はじめに

　外国人に限らず、子どもの育ちの保障、そしてさまざまな支援を必要とする子育て家庭に対する支援は日本の課題となっている。子どもの育つ権利を保障することは、どの国籍や民族であろうとも等しく大切だ。しかし、外国人の子ども、または文化的な背景の違いをもつ子どもや保護者が、ホスト社会の子どもや保護者と同じように支援を受けることができる状況とは言いにくい現実がある。

　子どもの問題は家庭の状況の影響を強く受ける。そして、子どもを支えることは親を支えることで、親を支援することで子どもの生活課題も改善する。子どもの問題に出会ったときに、家族がおかれている状況を理解することなしには、その問題を解決することは難しい。また、子育て、そして子育ちは、家族全体のアイデンティティやルーツに深く関わる。その意味でも、子どもの支援には家族の文化的、社会的な側面について理解することが不可欠である。

　子どもたちのルーツは多様化している。そこで本章では、最初に「外国人の子ども」とは誰なのか、を解説する。そして、日本に暮らす子どもたちに関わるデータも交え、「外国人の子ども」がどのような形で多様なのかを示していく。個別の課題はさまざまあるのだが、ここでは、「保育・幼児教育をめぐる状況」「外国人障害児」、そして児童虐待などを含む「養育の問題に関する状況」の3点を取りあげ、私たちができる支援について考えてみたい。

1. 外国人の子どもとは

　ここでは、「多文化背景をもつ子ども」「外国にルーツをもつ子ども」など、国籍は日本だが家族の生活基盤は日本以外の国や文化に根ざす子どもたちを「外国人の子ども」ということにする。最初にこうした説明の必要があることからもわかるように、「外国人の子ども」とは、「外国籍の子ども」だけではない。子どもは、国籍、出生や生まれた場所、文化の基盤、移動の経験や時期などの影響をさまざまに受けている（図5-1）。例えば、同じ国籍の外国人の子ど

もであっても、生まれたのは母国で、その後日本にきて生活している子どももいる。両親の国籍とは同じ外国籍だが、日本で生まれ育ったため、「一度も自分の母国に行ったことはないし言葉も話せない」という子どももいる。また、日本で生まれ育った外国籍の子どもでも、親が移住労働を目的として来日している子どもと、留学で来日後仕事を得て働いている親もいる。日本に来たのが小学校に入る前の子どもと、小学校高学年で来日した子どもでは、アイデンティティや言葉の習得状況は全く違う。

　家族についても、父親は日本人、母親が外国人の国際結婚の家庭で、名字をみると日本人のものでも、母親は母国の文化に基づいた子育てをしている、という家庭に育った子どももいる。さらには、アジア出身の子どもや家族と欧米、そしてアジア・中東などのイスラム圏の国の出身とでは、家族の文化や規範はまた違う。日本人の男性と中国人の女性の国際結婚夫婦のもとで、生まれたときから日本で生きてきたAくんと、母国で夫と死別した中国人の女性が日本に出稼ぎに来て日本人男性と再婚し、小学校5年のときに親の呼び寄せで来日し、日本で暮らすようになったBくんとでは、同じ日本国籍であったとしても、使う言葉や生活文化は異なる、ということだ。

　日本では実感しづらいが、同じ国の出身者が、出身地域が違うために使って

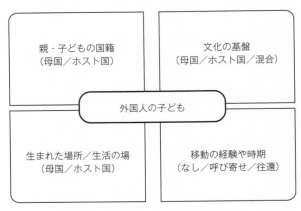

図5-1　外国人の子どもの多様な背景
出典：筆者作成

いる言葉が違うことは珍しくない。宗教の違いによっても、日常生活の様子は異なるし、父親が絶対的な存在であるといったことや、子育ては親せきや地域の人々がやってくれることも多いなど、母国での家族規範や人々のつながりのありようもさまざまである。筆者が今までに出会った家族も、同じ国の出身者であっても大都市の出身と農村の出身では、生活は大きく違っていた。外国人の子どもは、国籍だけではなく、幼少期の育ちをどの国で経験したか、家族のなかで主に使われる言語は何か、などによっても、さまざまな成長の形となる。その点において、誰ひとりとして同じ育ちを経験している子どもはいない。「同じ国の出身だから仲良くできるね」という声かけが、本当にそうなのかわからないのだ。

2. 外国人の子どもの実情

こうした多様性もあることをふまえつつ、外国人の子どもたちの実情について、諸統計をみていきたい。2019年6月末における在留外国人数は、約283万人だが、そのうち0歳から18歳までの外国人児童は26万6800人である。全人口における比率は、人口の総数とともに約2.3％と、大きな違いはない。子どもの出身国別にみると、南米地域、主にブラジル出身の子どもの割合が高くなっている（再掲：図5-2・図5-3）。

また、都道府県別にみると、0歳から18歳の子どもの場合、2019年6月末時点で最も多いのが東京（6万4200人）、そして次いで多いのが愛知県（3万8625人）となっている。ブラジル国籍の外国人の30％は愛知県に住んでいる。子どもの国籍もブラジルの比率が高いが、これは親が移住労働者として来日した際に、多くの就労先が愛知県であったことによるものである。0歳から18歳の外国人の子どもの数を都道府県別、国籍別にみると、子どもの国籍は地域によって違うことがわかる（表5-1）。日本全体のデータと、子どものデータは違う。当然、言語や子育て文化も違う。子どもの実情を把握する際にはこうした点も意識する必要がある。

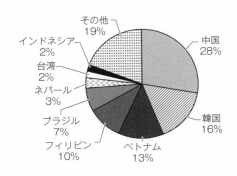

図5-2　在留外国人数（全年齢）

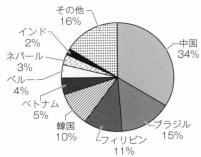

図5-3　在留外国人数（0～18歳未満）

出典：法務省（2019）より筆者作成

表5-1　0歳から18歳未満の外国人数（上位3都道府県）

中国		ブラジル		フィリピン		韓国		ベトナム	
総数	103,621	総数	43,844	総数	32,883	総数	30,948	総数	21,945
東京	30,272	愛知	14,317	愛知	6,279	東京	8,879	東京	3,041
神奈川	11,300	静岡	7,228	東京	3,311	大阪	5,686	神奈川	2,624
大阪	9,288	群馬	2,998	神奈川	2,798	神奈川	1,940	大阪	2,381

出典：法務省（2019）より筆者作成

3.　多文化背景をもつ子どもが直面する苦労や悩み

(1) 各ライフステージで外国人の子どもたちが直面する悩みや苦労

　日本の地域での集住状況や子ども・保護者の出身国、宗教などは、子どもたちの生活を理解するための視点の1つだ。それとは別の視点として、子どものライフステージごとの課題をみていきたい。外国人の子ども家庭に関する調査研究をまとめると、子どもの発達段階、年齢ごとに日本で直面している課題がそれぞれあることがわかる（図5-4）。

　乳児期には妊娠から出産までのサポートの必要性が、主には母子保健の分野で指摘されてきた。幼児期は、保育所や幼稚園の利用に関わる悩みや子育ての

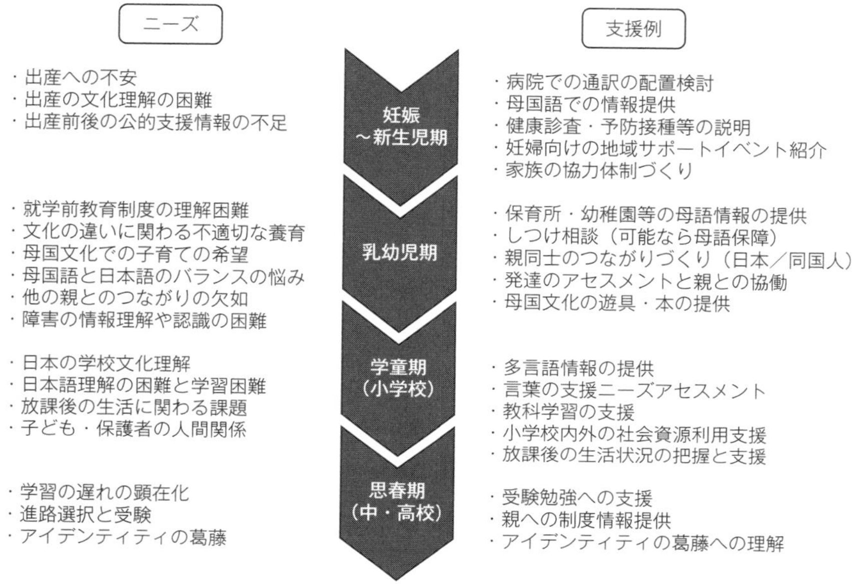

・出産への不安
・出産の文化理解の困難
・出産前後の公的支援情報の不足

妊娠〜新生児期

・病院での通訳の配置検討
・母国語での情報提供
・健康診査・予防接種等の説明
・妊婦向けの地域サポートイベント紹介
・家族の協力体制づくり

・就学前教育制度の理解困難
・文化の違いに関わる不適切な養育
・母国文化での子育ての希望
・母国語と日本語のバランスの悩み
・他の親とのつながりの欠如
・障害の情報理解や認識の困難

乳幼児期

・保育所・幼稚園等の母語情報の提供
・しつけ相談（可能なら母語保障）
・親同士のつながりづくり（日本／同国人）
・発達のアセスメントと親との協働
・母国文化の遊具・本の提供

・日本の学校文化理解
・日本語理解の困難と学習困難
・放課後の生活に関わる課題
・子ども・保護者の人間関係

**学童期
（小学校）**

・多言語情報の提供
・言葉の支援ニーズアセスメント
・教科学習の支援
・小学校内外の社会資源利用支援
・放課後の生活状況の把握と支援

・学習の遅れの顕在化
・進路選択と受験
・アイデンティティの葛藤

**思春期
（中・高校）**

・受験勉強への支援
・親への制度情報提供
・アイデンティティの葛藤への理解

図5-4　ライフステージごとに経験しやすいニーズと支援例
出典：筆者作成

悩み、そして後で触れる、障害や発達の悩みなども経験する時期である。その後、小学校に通うようになると、日本語を十分に理解していないことから生じる、学習の困難が課題となってくる。そして、子どもの学習のことだけではなく、親、特に子育てを中心的に担う母親が日本語や日本での子育て文化に詳しくないと、子どもの宿題を見ることなども難しくなる、ということもこの時期に課題として出現し始める。

　また、子どもを小学校入学のタイミングで呼び寄せた場合は、子どもは急に日本語と日本人の世界に放り込まれるような状況になる。そのことで、新しい学校や友達との適応に非常に苦労することになる。小学校高学年になってからは、自分のアイデンティティについても色々考えるようになる。クラスメートと自分との違いを気にしたり、自分の家庭環境が他の日本人の子どもたちと違

うところがあることにも気付いたりする。

　中学、高校になると、徐々に将来の職業も視野に入れながら、進路につなが
る決定をしていくことになる。そこで、子どもは「自分はどこで何をしたいの
か」「どんな選択肢ができるか」「お金のことを考えると好きなことをしたいな
どと言ってよいのだろうか」などの悩みを抱えることもある。また、日本語の
習得がまだ十分でない子どもの場合、受験は大きな壁になる。この時期にこう
した壁につきあたることが、子どものその後の人生にも影響を与えるものとな
ってしまう。自分ができないことや、容姿の違いを隠したい心理も働くことが
あり、悩みが潜在化することもある。

　こうして、外国人の子どもは、それぞれの年齢で色々な困難に直面し、悩み
ながら過ごすことになる。

(2) 複数の文化の狭間で生きるゆえの葛藤

　外国人の子どもは、来日した時期、そして日本で生活期間がどれくらいであ
ったかにもよるが、いずれも場合であっても、さまざまな適応を迫られる。例
えば、母国で生まれ、数年後に家族と日本に移住した子どもの場合、母国家族
や友達と別れなくてはならない。そして日本に来れば、言葉や文化の壁により
疎外感を味わう。母国語も日本語も十分な習得に至らない子どもを「ダブル・
リミテッド」といったりするが、ダブル・リミテッドの子どもたちは、自分の
よりどころが不安定になり、アイデンティティがどこにあるのかも混乱しやす
く、精神的に辛い状況となりやすい。一方で、母国の国籍をもち、母国で使わ
れるような名前で生きていても母国語はほとんど理解しない子どもたちも、違
和感を感じ、自分のアイデンティティのよりどころがわからず悩むことが多い。

　親はときに、子どもには自身のルーツを理解してほしいと願い、日々の子育
てで母国で行われる方法を実践したり、母国に関する学習の機会を子どもにも
たせたりすることがある。しかし、「自分にとっては日本が母国だし、自分の
国籍がある国にはまだ一度も行ったことがない」という子どもにとっては、そ
れも違和感がある。親が日本語をうまく話せないこと、自分の進路についてあ

まり理解していないこと、そして子ども自身の思いを無視して母国の言葉や文化を理解することと期待すること、などに対し、苛立ちを感じたりもする。子どもにしてみれば、「親に言われて日本に来た」という感覚であることも多い。子どもにとっての日本での生活と親にとっての日本での生活の意味、アイデンティティは違うのだ。

4. 保育・幼児教育をめぐる状況と子育てニーズ

(1) 外国人保護者のとまどいと情報理解の難しさ

　子どもや保護者が、日本社会とさまざまな接点をもつ場が増えるのが、子どもの保育所や幼稚園への入園・利用である。これは、親にとっては新しい文化や作法を理解する、という苦労の種となる。まず、保育園に関する情報が届かないこともあるうえに、入園の申し込みは、保育所や幼稚園ではそれぞれ申し込む場所、利用の要件や、費用の支払い方法などが違うなど、シンプルではない。書類を作成して、必要な書類をそろえ、申し込むだけでも一苦労である。そして、入園に向けた具体的な準備も一仕事である。

　保育・幼児教育は、その社会の制度や文化が強く出る場所だ。職場では七夕や餅つきの行事をすることはなくとも、保育園や幼稚園では、伝統的な行事を共に体験しながら学ぶことは多い。保護者は、子どもたちに色々なものをもたせたり、準備をしたりしなければならないこともある。また、入学式に始まり、保護者会や避難訓練、引き取り（引き渡し）訓練などの行事もある。そのつど、保護者は「子どもがもっていくものはどれをどこで買えばいいのだろう」「どんな服装で行けばいいのだろう」と頭を悩ませながら準備する。ある人が、「園からの用紙に『手提げ袋』と書いてあったので、買い物でもらったビニール製の袋をもたせちゃった。大学生の娘からはそのことを今でも言われる」と話していた。今は、外国語での子育て情報も増えてきた。しかし、パンフレットの行間までを読み取るのは難しい。しかし、そういう情報が実は大切である

ことも多い。

（2）保育者側の戸惑いや悩み

　保育所や幼稚園、子ども園では、保育者も、外国人の子ども家庭への対応には悩むことも多い。筆者が関わったことのある保育・幼児教育従事者向けの研修でも、

○子どもの持ち物や食事などが伝えたものとは違うものだったり、整っていなかったりすることがある。例えば、アクセサリーをいくつもつけているなど。文化として尊重すべきなのか、変えてほしいと伝えていいのか迷う。
○甘い飲み物を多く与えているようで虫歯だらけなのが気になる。どのように伝えたらよいか。
○朝に熱があっても「大丈夫」と言って連れてきてしまう。
○他の日本人の保護者が、外国籍の家族に対して否定的な感情をもっている。

　など、多くのコメントや悩みが寄せられる。言葉が比較的わかる親がいても、毎回子どものお迎えに来るとは限らず、親の片方が日本人であっても送迎は外国人の保護者や祖母である、ということもある。そのため、うまく話が伝わらないこともあり、連絡ノートやお便りで伝える、ということも日本語の読解が難しい保護者の場合は難しい。保育者も、気になりながらもどう伝えたらよいか、関わればよいか、決めかねたまま時間が過ぎてしまう、となることも少なくない。また、日本人の保護者と外国人の保護者との間に壁があることも、保育者にとっては気がかりなこととなる。

（3）「理解が難しいことがあるはず」という前提での説明が不可欠

　保護者の子育てをどのように支援することが、外国人の子どもへの保育や教育の提供で重要なのだろうか。以下は、複数の幼稚園での持ち物リストである（図5-5）。右側のものは、アメリカの幼稚園の持ち物リストを、アメリカの複

数の幼稚園のホームページを参考に作成した。私たちが、英語のリストをみて準備するとなったらどうだろうか。はたして間違えずに準備できるだろうか。そして、感謝祭（サンクスギビングデイ）やハロウィン、学年の移動の際に親として適切に参加できるだろうか。「仮に自分が海外で子育てしたとして、親に求められることをきちんとできるのか？　何ができないのか？」と自問すると、外国人の保護者ができないことがあっても当たり前だと思えるし、何を教えてほしいかをイメージしつつ、関わることもできるのではないか。

幼稚園で使うもの	Kindergarten
☐ 制服・帽子 ☐ 体操着 ☐ スモック・エプロン ☐ 通園バッグ ☐ 手提げ袋 ☐ 上履き ☐ 上履き入れ ☐ 傘・レインコート ☐ 手拭きタオル ☐ 歯ブラシ・コップ ☐ お弁当箱・お箸・スプーンなど ☐ 水筒 ☐ はさみやクレヨンなどのお道具セット	・1 age-appropriate book bag/backpack (no rolling backpacks/bags) ・4 boxes of crayons (24 pack) ・1 pair of scissors ・4 plastic folders (solid colors) ・5 #2 pencils ・3 boxes of tissues ・4 glue sticks ・1 spiral notebook/composition ・2 Lysol wipes containers ・1 package dry erase markers ・2 bottle of hand sanitizer ・2 box gallon size zip-lock bags ・2 spiral notebooks ・3 large pink erasers

図5-5　幼稚園での家庭が準備するもののリスト例
出典：筆者作成

　まずは一言「言葉の意味とかわかりにくいこともあるかと思うけど、何かありますか」と率直に聞いてみることではないだろうか。「日本ではこの時期こういうことをやるんだけど、その際には親はこういうことをします。そして一緒に楽しむんですよ」と、その行事の意味や、親に期待されることを具体的に伝えていくことも大切なサポートとなる。実は、わからない自分を情けない、と思う保護者は多い。「できなくても恥ずかしいなんて思う必要はない」ということを伝えてほしい。
　外国人の子ども家庭が多い幼稚園や保育園では、同じ国の出身の母親が通訳

をしてくれることもあると聞く。また、ある地域では母語・日本語両方がわかるボランティアを活用している、というケースもある。親同士、そして地域に暮らすボランティアに、保育園や幼稚園、子ども園での活動に加わってもらうことも大切だろう。保護者に情報を伝えたいときは、翻訳アプリを使ったり、写真を示したりしながら見える形で提供することも有効だ。今はさまざまなサイトで外国語での子育て支援情報もある。それらも積極的に活用したい（図5-6）。

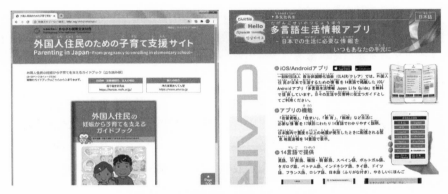

図5-6　多言語情報のHPやアプリの例
（左：神奈川国際交流財団／右：自治体国際化協会（CLAIR／クレア））

　また、保育者の悩み「子育てについて気になることを、保護者にどこまで言っていいのか」について言えば、伝えるほうがよい。言われてわかることは多い。その際には、「なぜそのことを自分が気にかけているのか」を伝えることが不可欠である。そうでなければ、「非難されている」と思ってしまうことにもなり得る。「日本では子どもにはこういうことをしようという考えがあるので、こういうことを心配しているので話しました。あなたの国ではどういうふうにするんですか？」と、相手の文化にも興味をもつような姿勢も示しながら関わることで、「あなたのやり方は間違っていると思う」というメッセージだけが伝わることにならないようにできる。
　外国人の中には、昼夜の仕事をもっているために、保育者や教師と話す時間

を十分にとることができない人もいる。そのようなとき「この人は子どもへの関心が低い」というみられ方をすることもある。しかし実際は、長時間労働勤務や親役割に対する情報不足などにより、保育者とコミュニケーションをとることができていない、ということもある。保育者も、ときには外国人の保護者に対して「なんでこれができないのだろう」と、ちょっとした苛立ちのようなものを感じてしまうこともあるかもしれない。しかし、日本の子育て文化で海外では違和感があるものだって結構ある。日本の学校での給食や掃除の作法は独特だし、風邪をひいたときの治し方だって違う。「こういうふうにしているのは違う理由があるのかも」と捉えてみると、自分が推測するような事情で保護者が子育てをしているわけではないことも想像できるのではないか。

　また、もし日本人の保護者が外国人の子どもや保護者に対して少し距離をおいたりするようなことがあった場合は「色々な世界に触れることができていることは素晴らしいし、あなたの子どもはそのなかで得られることを学び、実際に人間力も育っていますよ」という姿勢をみせることが、保育者の役割である。多様性に富む環境は、豊かな教育環境であり、日本人の子ども家庭にとってもプラスなのだ。

5. 特別な支援を必要とする外国人の子ども

（1）外国人障害児の実情

　現在のところ保育所に通う子どもで発達課題を抱える子どものうち、外国人の子どもがどの程度含まれているのかについての正確なデータはない。存在する唯一の公的なものは、特別支援学校に在籍する外国人児童生徒数に関するデータである。これをみると、特別支援学校の小学部、中学部、高等部に通学する生徒数は外国籍・日本国籍合わせると、2012年には172人であったものが、2018年には329人と、2倍弱になっている（図5-7・表5-2)[1]。

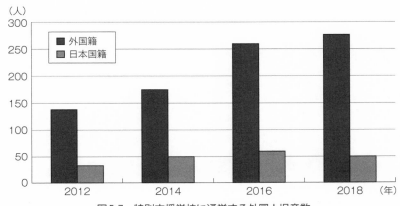

（人）

図5-7　特別支援学校に通学する外国人児童数
出典：文部科学省（2020）を参考に筆者作成

表5-2　特別支援学校に在籍する日本語指導が必要な外国人児童生徒（課程別）

	①外国籍				②日本国籍				
	小学部	中学部	高等部	小計	小学部	中学部	高等部	小計	①＋②
2012	69	36	35	140	15	9	8	32	172
2014	101	30	46	177	22	15	12	49	226
2016	148	56	57	261	24	17	19	60	321
2018	141	66	70	277	24	11	17	52	329

出典：文部科学省（2020）を参考に筆者作成

　特別支援学校に通学する外国人障害児数が増加している要因を特定することは難しい。在留外国人そのものの増加、発達障害など特別な支援を要する子どもの増加、そして特別なニーズを抱える児童生徒に対し、教育現場でも知識や対応が促進されてきたこと、などがその要因だろうと思われるが、要因を正確に把握するためには、さらなる調査や分析が必要である。

（2）外国人障害児の支援をめぐる課題

　障害児であることと、移民であることが重なるとどのような課題が生じるのだろうか。

まず、移民の文化的背景の違いは、子どもの障害に対する受け止め方に影響を与えることがある。アメリカの研究（Kim et al. 2017）によれば、言葉の壁に加えて、母国の文化的な価値観（この研究では、韓国の儒教の規範である「良き母は良き妻である」という考え）によりストレスを感じていたとのことである。こうした、「子どもに課題があるのは育て方が悪かったからだ」などの、子どもの育ちの因果関係に関する考え方は、文化によって異なることがある。

　また、外国人は言葉の壁や制度の知識不足により、医療や健康に関する公的な支援を十分に活用できないこともある。障害の定義、そして特別支援教育の制度を理解することは、私たちであっても簡単ではない。また、移民がもつ社会資源や医師と共有している時間も非移民に比較して少なく、その背景には健康保険への加入率の低さも影響を与えていることが先行研究でわかっている（Lin et al. 2012）。一方で、移民の子どもは言葉の理解に困難があることから、特別支援教育に配置されるケースもあることを問題視する論もある。アデアは、移民の子どもを言葉の理解困難から特別支援教育に配置することは、ときとして子どもの社会生活の権利を奪うものであり、移民の子どもへの差別にもなりうると指摘している（Adair 2015）。

　日本での調査としては、少し前にはなるが、愛知県豊田市が外国人障害児の実情と課題について調査報告書（2008）を作成している。調査報告書では、1歳6か月児健診と3歳児健診では、外国人の未受診率が日本人の約3倍であったとしている。その理由は不明のものも多いが、仕事の事情などもあり、専門機関への相談につながっていないことが指摘されている。その背景には、公的な保育の利用に至っていない家族もいること、母国では健康診査は有料で希望者のみなので利用しない、なども要因になっていると指摘している。こうした状況をふまえると、制度の内容を丁寧に解説している多言語の情報が必要である。また、外国人の保護者のなかには、製造業や飲食店で昼夜にかけて長時間働いており、時間的、精神的に余裕をもつことが難しい生活を送っていることもある。こうした事情も理解したうえで、ただ「療育機関に行ってみたほうがよい」ではなく「日本ではこういうシステムがある」「細やかな発達支援をす

る場所なので、子どもの話を保育士さんにしてもらうといい」など、保護者にとって受け入れやすい形を考えることが大切である。

　ちなみに、障害の診断を受けた場合、その後療育に使われるツールは多くが日本語のものであり、外国語版は日本にはほとんどない。インターネットで母国語のサイトを駆使して療育に使う教材を探す、なども必要になる。療育に関連する教材の多言語化は、今後の課題である。

(3) どのように保護者と協働するか

　身体の障害の場合は、医療的な課題にかかわる問題はあるものの、障害の認識、という点では、大きな問題にはなりにくい。誰がみても比較的わかりやすいからだ。しかし、知的、発達障害の場合は全く異なる。

　多動や注意欠陥、コミュニケーションの困難などの発達障害や知的障害の診断基準となる行動特性は、それが発達上の課題として捉えていいのか、親子で日本語を使う量が少ないからなのか、または親子間の関わる時間の少なさに対する甘えや愛着欲求からくる行動なのか、という見方のどれもが当てはまり得る。注意欠陥多動性障害（以下、ADHD）の外国人児童の事例についての研究（黒葛原・都築 2011）は、外国人児童の場合は多動行動が多くみられたとしている。興味をもつこと、集中することなどは、子どもが育った家庭環境、そして絵本の読み聞かせなどの活動が、子どもにも理解できる言語で行われていたか、等とも関わる。

　アセスメントでは、外国人児童を取り巻く環境や文化的背景、アイデンティティの影響を理解することに加え、学力・認知力の発達など、多面的に検討しなければ正しい判断は難しい。単に来日年数、親の国籍だけではなく、「保護者は普段自宅で母語をどの程度使っているのか」「子どもと接する時間はどのくらいなのか」「子どもの行動についてどのように捉え、対処しているのか」なども幅広く検討する必要がある。

　発達検査を行う際も、日本語の使用量は影響を与えるため、正確な診断や支援のためには、言葉の影響を考えることが不可欠だ。また、どの国籍の保護者

でも、「子どもに障害や発達上の課題があるかもしれない」と言われることは、多くの場合傷つく。以前、ある外国人の母親から「『子どもに保育士の加配をつけたい』と保育士から言われた」という相談を受けた。その母親は、泣きながら「それって子どもは障害ってことですよね。今後は一生障害ってことですよね」と筆者に訴えた。保育士は、そういうことを言いたかったわけではないし、保育所としての支援についても伝えようとしていたことも、話からは伝わってきた。でも、その保護者にとっては、日本の制度もよくわからないこともあり、とても重大な問題になると思い、強く動揺したようだった。そこで、「日本でこういう場合には保育士を増やすことはあるし、育つうえで人よりサポートを増やしたほうが良い育ち方になるからつけましょう、ということもありますよ」と伝え、保護者の要望で、後日保育園に電話をして、保護者が日本の障害児支援の仕組みをよくわからないこともあり、ショックを受けたようであったことを含めて話をした。

　障害の話をする際には、もともとショックな話であるうえに、母国での障害児や障害児支援制度は日本とは違うかもしれないこと、そしてそのことが、障害や発達の課題の受容をより難しくさせ得る、ということも念頭において話すことが大切である。可能であれば、子どもに関する相談支援の場には、通訳が入ることが望ましい。

6. 外国人の子ども家庭の養育課題

(1) 外国人の子ども家庭と児童虐待

　外国人の子ども家庭に限定した養育問題や虐待に関するデータはほぼない。東京都児童相談センター（2018）によれば、外国人ケースの場合、児童虐待などの養育に関わる問題である養護相談件数が日本人の相談ケースより割合が高い（図5-8）。ただ、その要因がなぜなのかは、まだ十分には明らかにはなっていない。

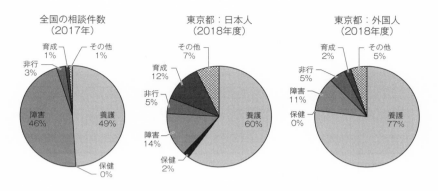

全国の相談件数
（2017年）

育成 1%　その他 1%
非行 3%
障害 46%　養護 49%
保健 0%

東京都：日本人
（2018年度）

その他 7%
育成 12%
非行 5%
障害 14%
保健 2%
養護 60%

東京都：外国人
（2018年度）

育成 2%　その他 5%
非行 5%
障害 11%
保健 0%
養護 77%

図5-8　児童相談所に寄せられた養護相談（2019）
出典：厚生労働省・東京都福祉保健局（2020）をもとに筆者作成

　移民と児童虐待の関係についての研究では、デトラフ＆イヤーが5501家族のケース記録を分析した結果、移民の家族と米国生まれの家族における養育問題の特性としては、移民の子どもの場合心理的虐待の割合が高い一方で、身体的なネグレクトは米国生まれの子どものほうが経験する割合が高いことを明らかにしている（Dettlaff & Earrer 2012）。このことから、移民と養育問題は、何らかの関連があるといえる。ただ、その社会でエスニックマイノリティであることがさまざまなストレスをもたらし、養育問題という形で現れる、ということであり、移民の文化や国民性などを要因とするのは間違いである。

　もともと、児童虐待などの養育問題が起きる背景として、①発達課題や医療ニーズ、また子育ての負担が大きくなるような健康の課題を抱えているなどの「子どもに関わる要因」、②失業、薬物・アルコール依存、自身の育った環境などの「保護者に関わる要因」、そして、③貧困や社会的な孤立などの「社会的な要因」、などが重なり合うことで起きる、と考えられている。親の経済状況の苦しさは、親のストレスや子どもの生活の質に直結する。外国人家族の世帯所得は日本人に比較して低いことが、調査研究で明らかになっている。外国人母子世帯の貧困率は高いことなどもふまえると、異国で暮らすことは、親にとっても困難多き日々であり、ストレスを多く経験する日々であることは想像に

難くない。そのなかで、子どものケアに十分にエネルギーを費やすことができない状況がおきることもある。そのため、親子が生きていくうえで経験するストレスが大きいことは、子育ちや子育てに負の影響を与えるような状況となるのだ。

　視点として重要なのは、日本における母子世帯、特に離婚を経た母子世帯の貧困、そして子どもの貧困率の高さなども、親の養育を困難にさせる下地になっている、ということだ。子育ての問題は、ともすると親の人格要因論であったり、または外国人の場合は母国の文化や、その国の出身者の気質のようなものとみなされたりされることがある。しかし、本当にそうだろうか。日本社会に元からある、社会的に弱者となりやすい子育て世帯や母子世帯を支えるような社会になり切れていないことが、外国人子育て家庭が抱える子育て問題とも関わっている、という捉え方も必要ではないか。外国人の子ども家庭の場合、そこに外国人であるという社会的にも不利になりやすい要素が加わることで、家族問題を抱えやすくなるのである。

（2）子育て文化の違いが虐待のような子育てにみえることも

　例えば、アジアの途上国では、10歳くらい年齢になれば幼い子どもの面倒を親に代わってみていることは珍しくない。長男長女が、ときには学校を休んで幼い子どもの面倒を見ることは、家族の絆であり、「ネグレクト」としての意識はないだろう。また、ミャンマーでは女性は月経の時期には洗髪は控えるそうだ。「月経の間は体を冷やすことはよくない」という母国での考え方があるからだという（山村 2018）。しかし日本では、爪が伸びている、髪を数日洗っていない様子が感じられる、などは、ネグレクトの可能性があるサインの1つであるとされる。ある国では、それは体を大切にするための行為だが、ある国では虐待のサインとして捉えられることもある。

　また、しつけで子どもを叩く、という慣習がまだある国の出身、ということもある。日本では、2020年4月に施行された改正児童虐待防止法と改正児童福祉法で「しつけを目的とした体罰の禁止」が法律に明記された。しかし、愛情

をもっていても、やってはいけないことを伝えるために、手をあげることは時にはあるし、自分もそうされてきた、でも子どもは愛している、という外国人の保護者は決して珍しくないし、さらに言えば、日本もかつてはそういう時代もあった。

では、「家族の文化だから、子どもが下の子どもの面倒をみるために学校を休むこともよしとしよう」「手をあげるのも致し方ない」、ということでいいのか、といえば、そうではないだろう。色々な言い分や文化的な価値観もあるだろうが、「それはあなたの国では大丈夫なこともあってなんだろうとは思うけど、日本ではこういうふうにみることもあるし、○○が心配です。だから、子どもが楽しく気持ちよく育つうえで、他の方法もやってみましょうか」と伝えることが大切だろう。

(3) 保護者の状況に翻弄される子どもたち

外国人の子どもは、学校生活を通じて日本語、そして日本での生活の作法を親よりも先に習得することも多い。そうすると、いつの間にか子どもが日本人とのやり取りを担ったり、通訳をしたりする等、保護者のような役割を家庭のなかで担っていることもある。しかし、子どもにとっては親の支援を必要とすることは多いのに頼ることができず、サポート提供者としての役割を生きることは重荷である。自身のアイデンティティもあやふやな状態で、一方では自分の生活や進路が、家族のためのものとなっていく。そうしたなかで、親への感情もときに複雑なものになることがあれば、そうした親子関係が、子どもの非行に関わる行動につながることもある。社会での疎外感、家での居場所のなさ、アイデンティティの不安定さなどが、社会の隙間からこぼれ落ちるきっかけとなることもある。

さらに、親の事情で在留資格がない状態におかれる子どももいる。そうした子どもは、健康保険がないので病院に行けない、勾留を恐れて家から出ないなど、したいことの多くができない状況におかれる。自分の努力とは別に、したいことが何もできない、という状況に怒りを感じ、親にその怒りをぶつけるこ

ともある。親にしてみれば、子どものためを思って選んだ状況かもしれないが、子どもにとっては、外に行くにもびくびくしなければならない、親と一緒にいることができないときが来るかもしれない、という不安と隣り合わせの状態となる。こうした子どもたちの福祉も、今後考えていくべきだろう。

おわりに

すべての外国人の子ども家庭が辛い状況に身をおくわけではないとはいえ、全体としては課題はまだ山積している。この領域での調査研究はまだ十分な蓄積がないため、実践者同士の意見交流や調査研究が活発に行われる必要がある。

外国人労働者の受け入れの議論では、彼らの家族や子どものウェル・ビーイングに関する議論は避けては通れないはずである。日本の子ども家庭福祉に関わる制度や諸機関、そして支援者や地域社会が外国人の子ども家庭にも対応し得るものになっているのかを考える必要がある。

2016年の児童福祉法改正では、第1条において「児童の権利に関する条約にのっとり」という表現が追加されている。児童の権利に関する条約では「締約国は、その管轄の下にある児童に対し、児童又はその父母若しくは法定保護者の人種、皮膚の色、性、言語、宗教、政治的意見その他の意見、国民的、種族的若しくは社会的出身、財産、心身障害、出生又は他の地位にかかわらず、いかなる差別もなしにこの条約に定める権利を尊重し、及び確保する。（第2条1)」としている。

国連の子どもの権利委員会は、第4回・第5回統合定期報告書に対する総括所見を2019年2月に示し、そのなかで子どもの権利擁護の推進に関する多くの勧告を示した。そのなかには、外国人の子どもへの差別問題への取り組み、非正規滞在の家庭の子どもの社会的サービスへのアクセスの保障なども含まれている。こうした勧告をふまえて子どもの権利保障に取り組むべきである。

子どもは社会の未来であり、宝であることは、子どもの出自で変わるものではない。児童が健やかに生きる権利の保障、を常に灯台として、考え、行動することが大切である。

●注 ---
1）文部科学省の調査は隔年で実施されている。

●文献 ---
外務省：児童の権利に関する条約全文：http://www.mofa.go.jp/mofaj/gaiko/jido/zenbun.
　　html（2018年5月1日現在。
法務省（2019）「在留外国人統計」。
　　http://www.moj.go.jp/housei/toukei/toukei_ichiran_touroku.html
Adair J. K（2015）"Impact of discrimination on the early schooling Experience of children
　　from immigrant families" *Migration Policy Institute*.
Kim. S. et al.（2017）"Positioning of Korean Immigrant Mothers of Children with
　　Disabilities" *International Journal of Multicultural Education*. 19（3）, 41-64.
厚生労働省（2020）「平成30年度福祉行政報告例の概況」。
　　https://www.mhlw.go.jp/toukei/saikin/hw/gyousei/18/index.html
東京都児童相談所事業概要　2019年（令和元年）版。
　　https://www.fukushihoken.metro.tokyo.lg.jp/jicen/others/insatsu.files/teisei_
　　jigyogaiyou_2019.pdf
黒葛原由真・都築繁幸（2011）「教科学習で見られる外国人ADHD児の学習行動に関する
　　分析」『障害者教育・福祉学研究』7、59〜73頁。
Lin S. C.,et al.（2012）"Autism spectrum disorders and developmental disabilities in
　　children from immigrant families in the United States" *Pediatrics*. 130, 191-197.
文部科学省「特別支援教育資料」（平成23年〜28年）http://www.mext.go.jp/a_menu/
　　shotou/tokubetu/1343888.htm
南野奈津子（2018a）「在日外国人の子どもの生活の実態」『教育と医学』第66巻1号通巻
　　775号、54〜61頁。
南野奈津子（2018b）「特別な支援を要する幼児・児童の多様性と支援：外国人障害児に関
　　する考察」『ライフデザイン学研究』13、337〜347頁。
社会福祉法人豊田市福祉事業団豊田市こども発達センター（2008）「豊田市における外国人
　　障がい児の現状と課題に関する調査報告書」。
山村淳平（2018）『移民・難民の病をふせぐ〜女性編』FWUBC。

非正規滞在の子どもたちの葛藤と現実：NPO法人A.P.F.S.の活動

吉田真由美

■非正規滞在者支援とA.P.F.S.

NPO法人「ASIAN PEOPLE'S FRIENDSHIP SOCIETY」（以下、A.P.F.S.）は1987年に設立され、これまで在留資格のあるなしにかかわらず在住外国人の支援に携わってきました。そのため在留資格のない、いわゆる「非正規滞在者」からの相談も多くあります。設立当初の非正規滞在者支援は、1980年代後半から90年代初めのバブル経済の時期に仕事を求めて来日し、そのまま超過滞在になった単身の非正規滞在者、その後は日本に定住化した非正規滞在の家族、そして最近ではこうした家族の子どもたちの支援へと、すべてではありませんが、支援対象が移ってきていることを感じます。

■子どもたちの現実

A.P.F.S.で支援している非正規滞在の子どもたちは、多くが日本で生まれており、しかしながら非正規滞在の両親のもとに生まれ、子どもたちも非正規滞在者となります。在留資格はありませんが、周囲の子どもたちと同じように学校に通い、非正規滞在であることを知らずに大きくなります。自分たちが周りと違うことに気付くのは多くの場合、健康保険証がないことを知ったときのようです。学校で保険証のコピーをもってくるように言われますが自分の家族にはないことを知り、「自分たちは他の家族とは違う」と初めて感じるようです。最も残酷なパターンは、突然自宅に入国管理局（以下、入管）の職員が摘発に入り、両親が連れていかれる、収容される、そういったなかで知ることです。A.P.F.S.でサポートしたなかにもこうしたケースは多くあり、両親が収容され、子どもたちは児童相談所で暮らすことになった家族、父親が収容され、母親と子どもたちで暮らしながら1年以上父親が仮放免される日を待つ家族などです。

子どもたちは親が仮放免され一緒に暮らすようになっても、またいつ収容されるかわからない恐怖と、自分たちの状況が正確にわからないなかで不安を感じながら生活

しています。子どもたちは、自分たちが置かれている状況を正確に知るすべがありません。親が説明しようとしても、子どもたちの第一言語は日本語であり、親は通常日本語がそれほど得意ではないため、説明は困難です。また、入国管理に関わる専門的な話であり、一般の日本人でもこうした内容を正確に話せる人は少ないでしょう。A.P.F.S.では大人に対してはもちろん子どもたちに対しても、今置かれている状況を説明する機会があります。以前、父親が収容された小学生の男の子が「お父さんは何か悪いことをして刑務所に入っているの？」と尋ねてきました。差し迫った表情のこの子がこれまでどれだけ悩んでいたかということを実感した瞬間でした。

　子どもたちは16歳以上になると、3か月に一度は仮放免の更新手続きのために入管に行かねばなりません。自分自身が当事者であることを実感するのです。ある子どもは更新のために初めて入管に行ったときの心境を「犯罪者になったように感じた」と話しました。成長した子どもたちは、自分の置かれている状況、感情を共有する相手もおらず、入管では一度も行ったことのない親の出身国への送還をほのめかされ、やり場のない感情を抱えていることも少なくありません。こうした子どもたちの一助になればと、A.P.F.S.では非正規滞在の子どもたちを対象とした「子ども会議」を不定期に行ってきました。他の非正規滞在の子どもが自分と同じように悩んでいることを知り、少し気持ちが楽になる子もいれば、親任せにしていた自分の状況を自分で何とかできないか考える機会にもなっているようです。

■家族分離後の支援

　今、こうした子どもたちが岐路に立たされています。このところ入管は非正規滞在の家族に対し、親が帰国すれば子どもに在留特別許可を出すと頻繁に提案しています。家族を引き裂く入管からの提案で、子どもは親が今さら出身国に帰国できない状況を理解しながらも、自分の人生との間で葛藤しています。親たちが帰国する決断をし、日本を離れた後の子どもたちの支援が、今のA.P.F.S.の最も緊急な活動となっています。

第6章

ドメスティックバイオレンス（DV）
被害者の女性と子ども

鳥海典子・松原惠之

はじめに：日本に暮らす外国人女性と国際結婚

　日本に暮らす外国人女性は、単身者、夫や子ども等と一緒に生活している人、本国に夫や子ども等を残している人がいる。日本で夫がいるといっても夫の国籍は日本に限らず、同国籍や別の国籍であることもある。さまざまな理由から正式に婚姻していない人もいるし、保持する在留資格についても一様ではない。

　日本人と婚姻関係にあれば「日本人の配偶者等」の在留資格をまず取得し、その後一定の要件を満たし「永住者」へ資格変更するのが一般的ではある。しかし、結婚すれば在留資格を自動的に得るものではなく、夫の協力が得られず在留資格がない状態（オーバーステイ）に置かれている人も少なからずいる。無論、女性の国籍も日本人と結婚して日本国籍となるものではない。子どもの国籍も日本で出生したから日本国籍なのではなく、父母が婚姻していたり、未婚でも日本人父から認知をしてもらい、諸手続きを経てようやく日本国籍を得られるものである。

　婚姻件数から国際結婚を見ると、夫婦どちらか一方が外国人であるケースは近年（2011年から2017年までの統計）、全体の3％程である。そのうち、女性が外国人の割合は約7割となっている（図6-1、図6-2）。

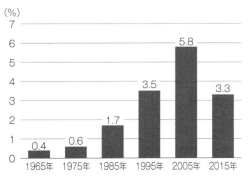

図6-1　結婚総数における夫婦の一方が
外国籍の割合の推移

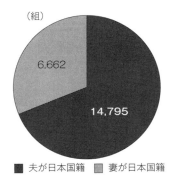

■ 夫が日本国籍　■ 妻が日本国籍

図6-2　夫婦いずれかが日本国籍
の2万1457組の内訳（2017）

出典：2017年人口動態調査・人口動態統計より筆者作成

本章では外国人女性のDV被害の実際、外国人DV被害者への支援、そして一時保護を経て施設入所となった外国人女性への支援の実際について紹介したい。

1. 外国人女性のDV被害の実際

(1) DVとは

　ここではまず、DV（ドメスティック・バイオレンス）とはどういうものなのかを整理したい。

　DVとは、配偶者や恋人などの親密な関係にある者から振るわれる暴力を指す。暴力は、殴る・蹴る・首を絞めるなどといった「身体的な暴力」のみではなく、怒鳴りつける・無視をする・人付き合いの制限・人前でバカにするなどの「精神的な暴力」、生活費を渡さない・仕事の制限といった「経済的な暴力」、性行為の強要・避妊の協力をしない・見たくないポルノビデオを見せられるなどの「性的な暴力」といった形がみられる他、子どもを取り上げる、自分の言いたいことを子どもに言わせる、子どもに暴力を見せるといった「子どもを巻き込んだ暴力」も見られる。

　DVは、男性から女性への暴力としての定義はされていないが、実際にはそのほとんどが、女性が被害に遭っているものと考えられる。2018年度の内閣府の調査によると、全国の配偶者暴力相談支援センターへの相談件数11万4481件の内、女性からの相談は11万2076件となっており、男性からの相談の2405件と比べると、女性からの相談がそのほとんどを占めることがわかる（表6-1）。男性でも相談できることを知らない、あるいは相談しにくいといった事情もあるだろうが、それを加味しても、この統計データからはやはり女性が被害を受ける場合がほとんどであると考えて差し支えないだろう。

表6-1　相談の種類別相談件数

	総数	性別	
		女	男
総　数	114,481	112,076	2,405
来　所	34,849	34,377	472
電　話	75,964	74070	1,894
その他	3,668	3,629	39

出典：内閣府男女共同参画局「配偶者暴力相談支援センターにおける配偶者からの暴力が関係する相談件数等の結果について」（平成30年度分）より筆者作成

　母子生活支援施設でDV被害者支援を行っていると、DVの構造が「支配─被支配」の関係性であることを実感する。激しい暴言や脅し、時には暴力を使うなどあらゆる手法を利用して相手を自分の意のままに動かそうとすることこそDVの本質であろう。

　では、外国人女性へのDVの実態はどうなのだろうか。次に外国人女性の受けたDV被害について事例を紹介する。

（2）外国人女性のDV被害の一例

①エンターテイナーとしての就業中に夫と知り合ったフィリピン人女性Ａさん

　フィリピンからエンターテイナーとして来日。フィリピンパブでの就業中に客として来ていた夫と知りあい、すぐに交際に発展。6か月の就業を終えて帰国し、結婚の手続きをした後、日本人の配偶者の在留資格で再来日をした。

　夫は交際を始めた頃から飲酒をすると言動が荒くなることがあったが、結婚後は飲酒をしていなくとも、「日本語が下手」「日本の料理がうまくできない」等という理由でＡさんを叩くようになった。また、夫はフィリピン人の友人を作ることを禁じ、外出時もいつも夫が一緒だった。

　一度目の妊娠時に腹部を蹴られて流産を経験し、離婚も考えたが、再び妊娠したことがわかり、やり直すことを決意。子どもが生まれたら変わるかもしれないという望みを抱いていたが、子どもが産まれた後も暴力はやまず、むしろエスカレートしていった。

木刀で叩く、足で蹴る、たばこの火を押し付けるといった暴力のみならず、日常的に「外国人のお前を助ける人はいない」「家を出て行け、家を出たらもう日本に居る資格がないから強制送還だ」と言われ信じ込まされた。「お前は馬鹿な奴だ、何もできない、子どもは絶対渡さない」といった暴言や、「これが日本のやり方だ」と自分の意見等は受け付けてもらえず、フィリピンの家族や国までを誹謗する言葉もたびたび聞かれた。悔しさと悲しさ、無力感に押し潰され、子どもと一緒に生活するためには日本で夫に従いながら生きるしかないのかと思った。

②姉の紹介で夫と知り合ったタイ人女性Bさん

　日本で働いていた姉が、タイで暮らすBさんに会社の同僚男性を紹介した。姉の通訳を介して何度か電話でのやり取りをした後、姉が同僚の男性を連れて帰国。Bさんはその男性に優しそうな印象をもち、男性もBさんを気に入ったとのことで、タイで初めて会った6日後に結婚することになった。その半年後、日本人の配偶者の在留資格により来日する。

　来日当初、夫は優しく、タイの家族へも送金をしてくれていた。しかしすぐに送金は途絶え、生活費もすべて夫が管理し、Bさんが受け取るお金は月に5000円ほどであった。自分自身に必要な物も満足に買うことができなかったため、お金をほしいと訴えると、「自分で稼げ」と言われ、「タイに送金した金も返せ」と言われた。工場でのパートに出たが、夫は支払い先がたくさんあると言ってBさんの給料も管理した。

　しばらくしてBさんは妊娠したが、夫は体調を気にすることもなく、つわりが激しく吐いてしまうときにも、「過剰反応している」と言っては家事を協力することもなかった。さらに、そのような状況であっても夫は性交渉を求め、拒むと「タイに帰す」「ビザは取り消す」などと脅すため、Bさんは彼の言葉を恐れて受け入れるしかなかった。

　子どもを出産した後もすぐに性交渉を求められたが、拒むことはできなかった。数か月後にはパートに出るよう夫に強いられ、給料は再び夫に管理された。

（3）外国人であるがゆえのDV被害

　このような事例に散見されるように、外国人であることで生じる限界（日本語や日本料理、文化や制度がわからない）を理由にした暴言や暴力に加え、在留資格の更新の必要性を利用したり、日本語や制度を教えなかったり、社会とのつながりをもたせないことで、自分しか頼る者がいない状態にしつつ精神的にコントロールするのが外国人へのDVの特徴であると言える。

　日本で暮らす外国人女性の課題としてよく見受けられるものには、頼れる人（親族や支援者）が身近にいない、在留資格の問題などで身分が不安定、自分を助けてくれる制度を知らない、知っていても日本語の問題などで相談ができないなどということがある。これは日本人のDV被害者と比較すると被害が潜在化しやすい要素が数多くあるということであり、これらに付け込む形でDVが展開されていくのである。そのため、夫から離れるという決断をすることは容易なことではなく、DVから避難できた後もより丁寧な支援を必要とするのである。

2. 外国人DV被害者への支援

（1）DV相談窓口

　DV被害を受けて避難する際、ひどい暴力や追跡の可能性がある場合は特に、これまで生活していた地域を離れて避難することとなる。知人や親族のつながりを頼ると見つかってしまうかもしれないし、相手に迷惑をかけてしまうかもしれない。その結果、これまで全く縁のなかった土地、友人知人のいない土地への移動を強いられることとなる。これが外国人女性の場合となると、その不安感や孤独感はより強いものになり、ゆえに避難を躊躇してしまうこともある。そのためその必要性を丁寧に説明し、理解したうえでの保護でなければならない。正確な情報を当事者にわかるように説明し、一緒に考え、避難など取るべき行動を決めていけるようにサポートすることが重要であり、役所等において

は通訳等を最大限活用することが求められるだろう。

　日本におけるDV被害者支援の相談窓口は、都道府県が設置する婦人相談所をはじめとした配偶者暴力相談センターがあげられる。また、市町村役場においては婦人相談員や母子自立支援員などの相談員がDV相談の対応にあたっている。いずれの窓口も、国籍や在留資格によらない相談を受け付けている。

　加えて、身体的な被害を受けている、あるいはその恐れがある、休日や夜間である等、緊急的な対応を要する場合には、警察に相談をすることができる。警察へのDV被害相談あるいは通報は年々増加しており、警察庁によると2019年の相談件数は前年比4725件増加して8万2207件となっている。

　いずれも外国籍であるがゆえに対応を拒否されるということはないはずであるが、実情としては言語の問題などもあり、なかなか相談に踏み切れない外国人も多いし、通訳ができる人を連れて相談に来るようにと求められる場合もある。在留資格をもたない（DV被害の結果として、在留資格の更新ができなかったという場合もある）人にとっては、相談したことによる自身の不法滞在の発覚を恐れ、相談することができないこともあるだろう。

　数少ない外国人女性への支援を主軸とした民間シェルターや相談機関に加え、社会福祉法人などが運営する児童家庭支援センターなどでも地域で暮らす外国人からの相談を受け付けており、そのなかでDV相談もできる。民間の場合は、公的機関に比べ身近で外国人が相談しやすい体制がとられているところもある。一方で、民間シェルターにて保護となった場合には「1泊いくら」といった自己負担金が発生することもあるため、手持ちのお金がどの程度あるのか、生活保護の申請は可能かどうかなど、経済的な負担を考慮する必要がある。

(2) DV被害者の一時保護

　都道府県が設置している婦人相談所は一時保護機能をもっており、その必要がある場合には通常無料にて2週間程度を目安に一時保護される。一時保護中には、それぞれの人が抱える問題の整理とその後の支援方針の検討、医療的あるいは心理的ケア、法律相談なども行われている。

外国人は国籍や在留資格にかかわらず保護されると定められている。「第1回 困難を抱える女性への支援のあり方に関する検討会」の資料によると、2016年度の外国人女性の一時保護数は334人（日本人も含む全体数は4624人）となっている。その同伴児は365名おり、半数以上が未就学の児童であった。小学生もおよそ3割となっており、小さい子どもを連れて避難する方が多いことがわかる。

334人の外国人女性の一時保護理由については、258人が夫等からの暴力を理由としており、その割合は77.2％にのぼる。一時保護全体のなかでの当該項目は69.5％であり、全体の割合と比べて高いことが見て取れる。

なお、一時保護後の行き先の1つに、母子生活支援施設があげられる。全国母子生活支援施設協議会が実施している実態調査によると、2013年度に新規入所した外国籍の母親の入所理由（主訴）の内69％が夫などの暴力によるものであった。この数字は、全体の入所理由における当該項目の割合（50.6％）よりも2割近く高かった。

これらのことから、外国籍のDV被害者が日本人のDV被害者と比較して、DVによる避難あるいはその後の生活に際しては課題も多くあるということ、すなわち支援ニーズが高いことが推察される。

外国人女性のDV被害者を一時保護するにあたっては、国と都道府県とが負担する婦人相談所運営費負担金のなかで、外国人婦女子緊急一時保護経費という制度を使い、通訳の雇いあげに伴う費用や関係機関との連絡に必要な経費等の確保もしている。

(3) 子どもに関わる問題

国籍にかかわらずDV被害を受けて避難する女性には子どもがいる場合も多くあり、避難のきっかけとして、「夫の暴力が子どもにまで向かうようになったから」と話す人もいる。児童虐待の防止等に関する法律では、「児童の面前で行われるDVについても心理的虐待である」と定義されている。目に見える、あるいは聞こえてきてしまう両親間の暴力や暴言は、子どもに恐怖感を与える。

それだけでなく、常にピリピリとした緊張感の強い生活を送ることになり、安心感をもった生活を送ることができなくなってしまう。また、「お母さんが叩かれるのは私のせいかも」「お母さんを守ってあげられなかった」といった罪悪感を抱かせてしまうことがあり、自己肯定感の低下につながってしまうこともあると言われている。

外国人同士の夫婦間で子どもがいる場合、国によっては離婚後も子どもの親権は共同親権のままであり、いずれかの親が監護者となり養育をすることになる。日本の場合、離婚時にいずれかの親を親権者と指定しその後の監護養育を行っていくこととなる。共同親権であることのメリットももちろんあるのだろうが、DV被害による避難を続けざるを得ない場合には、デメリットのほうが大きいと言えるだろう。

外国人女性のDV被害者の子どもは、こうした不安定な養育環境の影響を受けることで、複雑な問題を抱えてしまうことがある。

例えば、日本語がうまく話せない等の理由で常に馬鹿にされている母を見て育った子どもが、保育園や学校というコミュニティのなかで母より日本語の力を身に付けていき、自分は日本語ができるからと母親に対して父親と同じように振る舞ってしまうこともある。何かあるごとに「ママは外国人だから」と理解を示すのではなく、蔑む口調で話す子もいる。

あるいは、母の母国を否定するような言動を常日頃から聞かされていた場合、母の母国は自分自身のルーツでもあることから、自分自身の一部を否定されているように感じてしまうことがある。母の連れ子であり自分自身も母と同じ国籍であるという場合は、さらに感じることだろう。

3. 一時保護を経て施設入所となった外国人DV被害者への支援の実際

(1) 母子生活支援施設での外国人女性への支援

女性が婦人相談所などによる一時保護につながった後は、中長期的な施設で

支援を受けながら、その後の生活再建を目指すことができる。ここでは母子生活支援施設での支援を中心に紹介する（図6-3）。

　筆者の勤務する母子生活支援施設は、開設当初は外国人女性やその子どもを対象としたシェルターとして、その後に児童福祉法上の母子生活支援施設（当時は母子寮と呼ばれていた）として整備され、現在に至っている。そのような経緯もあり、現在でも母親が外国人という利用者が多く、2019年10月時点までの利用者の63％が外国人の母親であった。

　なお、全国母子生活支援施設協議会の実態調査によると、2013年度に新規入所した外国人の母親の割合は10.2％であり、どこの施設においてもおよそ1割程の割合で外国籍の母親の利用がある。

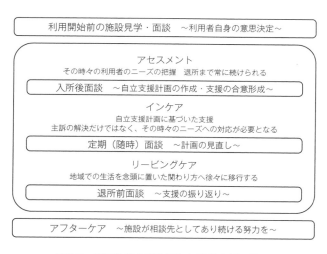

図6-3　母子生活支援施設における支援の流れ
出典：筆者作成

　当施設の支援は、大きく2つの柱に分けられる。1つはDV被害からの離脱と回復を目的とした離婚手続きや心理的ケアを含む課題解決のための支援であり、もう一方は日本での生活を続けていくための自立支援である。いずれの場合においても、母子それぞれが自分自身の課題や生活に主体的に取り組むなか

で、本人たちが本来もつ力を発揮できること、あるいは新たな力を獲得することなどを引き出すエンパワメントの視点をもって支援にあたることが大切である。この後、それぞれの支援についてみていきたい。

(2) 課題解決のための支援

　離婚や子の親権獲得という法的手続きは、弁護士の力を借りて進めていくこととなる。弁護士あるいは裁判所という存在を間に挟んで加害者と対峙し、これまでの経験を清算していくプロセスである。夫等に蔑まれて暮らしていた女性が、夫と法的に戦うという経験から自信を獲得することもある。この際に大切にしていることは、適宜通訳を入れて、事実をしっかりと確認しながら進めていくことと、手続きの進捗状況を当事者にきちんと理解してもらい、意思を尊重しながら進めていくという点である。しかし、DVの経緯については事実を正確に言葉にすることがそもそも難しく、表現された言葉の裏にある事実、そして想いを確認していく作業が必要となる。福祉的な視点をもった通訳が確保できればよいが、必ずしもそれができるとは限らない。そのため、聴き取りの際には支援者が側で見守り、表情の変化や日ごろ発せられている言葉などをもとに介入していくことも大切だろう。

　離婚に伴って、在留資格の切り替えや本国での手続きをどうするか、といったことにも対応する必要がある。そのため弁護士の依頼にあたっては、外国人の離婚問題を扱うことに慣れている方を探して依頼することで、さまざまな手続きをスムーズに進めていくことができる。

　また、長きにわたりDV被害を受け続けていると、精神的に依存状態に陥ってしまうことが起こり得る。それが外国人女性の場合には、言語面や生活上の諸手続きなど多方面において、加害者に依存をしながらの生活であったことは想像にたやすい。その依存を振り払い、これからは自分でやっていくのだと思えるように支援していくことになる。そのためには、市役所や学校、保育園などの手続きをスタッフのサポートを受けながらも自分でやってみること、仕事に就いて自ら生活費を稼ぐこと等、できることを少しずつ増やしていく必要が

ある。そして、ささいなことでも自分のことは自分で決めるという、いわゆる「自己決定」を重ねていく作業が自信をつけるうえでも重要である。無論、これらのことには丁寧な情報提供が必要であることから、側で見守り、ときには導くスタッフの存在が不可欠である。精神的に自立するためのプロセスは、後述する自立のための支援によっても支えられることになる。

(3) 自立のための支援

　日本で暮らしている外国人女性は、当然ながらそれぞれがもつ文化的背景もさまざまである。成育歴や結婚以前の職歴等を聴くと、苦労しながら生きてきた人も多く、その人たちの強さとたくましさを知る。異国の地である日本では自分のもつ力を十分に発揮できない女性たちであり、ゆえに苦悩もある。特に自分自身が育てられた過程で構築された価値観は、その人が子育てをしていくうえで大きな影響を与えている。自分自身にとっては外国である日本において、ときに間違っているかのように見える子育て方法や生活習慣であったとしても、その人にとっての経験と価値観に頼って懸命に暮らしているのである。

　このような女性たちも力を秘めているということを理解し、その力を十分に発揮できるように支援することが大切だろう。さりげない会話や相談といったすべての対話の場面では、本人の語る「ことば」に耳を傾け、「今までやってきたこと」や「今できていること」にしっかりと目を向けること、そして本人なりの頑張りを認め、言語化してしっかりと伝えることを心がけることで、より生き生きと前を向いて進み始めることができる。

　母子生活支援施設での自立支援は、「生活」を基盤とした支援となる。実際の生活の場で、学び、体験し、習得するという一連の経験が積み重ねられる。例えば、母国では親きょうだい等の親族のサポートのなかで子育てをするため、すべて自分ひとりで行うことのイメージをもてていない人もおり、仕事と家事をひとりで両立するにはどうすればいいかという課題があるとする。朝起きて、着替えてから朝食の準備をし、子どもに食べさせて片付けまで行い、さらに保育園や仕事へ出る準備をして決められた時間までには家を出る。どうすればこの動

きがスムーズになるのか、順番を変えてみたり、前夜にできることをしてみたり、試行錯誤しながら自分のやり方を見つけていく。その過程を見守り、共に考え悩み、ときに喜びながら、苦楽を共にするのも我々スタッフの役割である。

　このように、外国人女性の場合は、日本における「生活」と自分のこれまでの「経験」とに差があることも多い。例えば、母国では社会資源が豊かでないことから、頼るべきは家族あるいは親族しかないということがある。このような場合は、公的な支援を頼るという発想が生まれにくいだろう。そのため、日本での行政機関での手続きのあり方、学校や保育園の仕組みや日々の準備、仕事に対する考え方や衣食住の整え方に至るまでその"差"を確認する作業から始まる。まずは支援者と一緒にやってみる、次に見守りという支援のなか、自分でやってみる、というようにスモールステップを踏むことが必要である。

　加えて、日本語学習や心理カウンセリングといった専門的な支援も同時進行で行う。私たちの施設では、アパートなどでの生活を想定した自立講座を行っている（図6-4）。講座では、騒音やゴミの出し方等、日本の生活で必要な情報をコンパクトに提供するだけでなく、困ったときにはどうすればよいのかも提示し、日本の制度や社会資源を改めて知る機会としている。他には、日本の文化であるともいえる「『お弁当』の作り方がわからない」という声を受け、「お弁当を作ってみよう」と題した講座も適宜行っている。

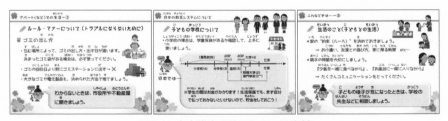

図6-4　自立講座で使用している資料
出典：筆者作成

（4）子どもの支援

　母親が外国籍ということは、すなわち子ども自身も外国にルーツをもつということである。支援者が親の文化を肯定的に捉え大切にする姿勢を見せることが大切だ。母親が感じている日本と母国との差を理解し、日本でのやり方を伝えつつも、もともとの経験（母親の姿そのもの）を大切にしている姿を子どもにも見せるということにより、子ども自身が自分のルーツとして親の文化を受け入れることができるよう心がける必要がある。

　子どもへの支援のひとつとして、学習の支援がある。母親が外国籍であり日本語が十分でない場合、子どもの家庭学習を親がすべて行うということは難しい。宿題として何が出されているのか、自分の子どもがどの程度その内容を理解しているのか、正確に理解することもままならない。子どもの宿題をみると同時に、子どもがどのような状況にあるかを確認し、それを親にも伝えていく姿勢が大切である。

　なお、子どもがある程度の年齢である場合、家族の置かれている状況を子どもにもわかる方法で説明していくことも大切なことであろう。DV被害の場合、安全確保を目的とした緊急避難・保護が優先され、子どもに対して事前に丁寧な説明がなされているということは、ほとんどない。何がどうなってこの状況になっているのか、今後どういうことが起こるのか、すべての事実を包み隠さず伝えるということではなく、子どもなりの理解を確かめつつ子どもの立場で感じる疑問や不安を整理し、必要な説明をしていくことが安心につながっていく。

　このように多角的な支援を行いながら、その時々の母子の気持ちに寄り添っていくのが私たち支援者の役目である。さまざまな課題をクリアできても不安がすべて解消することは無論なく、多少の残る課題があるのは否めない。そのため、退所後のサポートを提案しながら、母子で「やっていこう」「やっていける」と思えるように支援し、そう思えたときが母子の自立のときであろう。

4. 外国人DV被害者が日本でひとり親として生きるということ

　母子で自立し、地域での生活を始めたとしても、子どもの成長とともに、そして母の加齢とともに新たな困難が待ち受けていることもある。子どもが不登校になってしまったり、母が病気になってしまったりと、生きるうえではさまざまな出来事がある。そこで支えとなるのは、私たちのような支援者や同国人コミュニティだけではなく、職場の同僚たちや子の学校や保育園の保護者、あるいはアパートの隣人たちでもある。

　10年ほど前に当施設を退所したフィリピン人の母子がいる。当時は中学生だった子どもが今では成人しており、時々施設にも遊びに来てくれる。その子によると、施設からアパートへ引っ越した後も、日本語が上手に話せなかった母は日本人の友人はできなかったという。唯一の日本人の知人は以前の職場の上司で、その方には宿題を教えてもらったり、和食をごちそうになったりと、よく面倒をみてもらったそうである。その方は母の行政上の手続きにも協力的で、日本語の読み書きのできない母に付き添い、役所に出向くこともあったという。

　日本で生活するうえで、日本人の良き理解者や支援者ができることは、その家族の将来にとって非常に有益となる。さらに言うと、その支援者に求められるものは、当該母子に対する"関心"だろう。例えば私たちは、母国の料理を作っている母親へ「何を作っているの？」「どんな料理？」と問いかけることで"関心"を表現する。また、母国の地図を使い、親の生まれ育った町のことを尋ねてみることや、子どもが行ったことがある場所があればその時の思い出を聞いてみるということをしている。

　身近であった出来事に対して、「あなたの国ではこういうときはどうするの？」と問いかけてみることも有意義である。このやりとりによって、お互いが遠い世界の人ではなく身近な存在として親近感がわいてくるだろうし、信頼関係の構築にもつながることとなる。

　子育てや生活においては、"十分とは言えないこと"も多々あるかもしれない。

しかし、その家族の状況やこれまでの経緯を温かく受け止め、そっと見守り、ときには声をかけ、困ったときには手を差し伸べてくれる存在が必要なのである。そのような存在となりうる人が徐々にでも増えていくことが、母子が地域で生きるうえで最も大切なことかもしれない。

第 7 章

日本に逃れてきた
難民への支援——その実情と課題

新島彩子

はじめに：難民って？

「難民」という言葉を聞いて、何を思い浮かべるだろうか。

戦禍を逃げまどう人々、地中海を小型船でヨーロッパへ渡ろうとする人々、難民キャンプで食料配給の列に並ぶ母子……。

近年では、第二次世界大戦後最悪の人道危機と言われるシリアでの内戦が、難民を知るきっかけになったという方もいらっしゃるのではないか。2015年に世界中に拡散された、トルコの海岸に打ち上げられたシリア人の男の子の写真[1]を覚えている方もいらっしゃるだろう。あの写真もきっかけとなり、当時、ヨーロッパやカナダなどを中心にシリア難民支援の機運が高まった。

筆者が所属する難民支援協会（以下、JAR）は、1999年の設立以来、日本に逃れてきた難民に特化し、総合的な支援を行っている。現在[2]、7000人以上の方々がJARに登録されており、法的・生活両面での相談を行っている。

活動のなかで、私たちが日々出会っている難民の方々は、一般的に想像されているような方々とは少し異なるかもしれない。日本語の「難民」という言葉自体が与えるイメージもあり、「弱い立場にいる」「かわいそう」などネガティブなイメージをもたれている方がいるとしたら、良い意味でそのイメージを覆されることも多々ある。

本章では、難民の定義、日本の難民認定申請（以下、難民申請）の手続きを概観する。さらに、日本でどのように彼ら・彼女らが生活しているのか、JARがどのような支援を行っているのか、また、日々の支援を通じて見えてくる課題や取り組みについて、事例を交えて記したい。

今、相談を受けている、もしくは今後みなさんが出会う外国人が、何らかの理由により日本に逃れてきた難民かもしれない。本章が、彼ら・彼女らへの理解を深めたり、支援したりするための一助となれば幸いである。

1. 世界、そして日本に逃れてきた難民を取り巻く状況

　シリアの内戦やロヒンギャをめぐる状況の悪化等、難民を取り巻く状況に明るい兆しは見えていない。国連難民高等弁務官事務所（以下、UNHCR）の発表によると、2018年、紛争や暴力、迫害により、世界で移動を強いられた人の数はUNHCR創設以来、この70年で最高レベルの数値とされている。世界中にいる国外に逃れた難民や難民申請者、国内で住まいを失った避難民の合計は、2018年末時点で過去最高の7080万人に上り、そのうち2017年に新たに、もしくは、再び移動を強いられた人は1360万人にも上る[3]。

　同様に、庇護を求める人は日本にも逃れて来ている。2019年は1万375人が日本で難民申請をしたが、難民に認定された人は44人だった[4]。2019年だけでなく、最近10年間の推移を見ても、難民認定数は非常に少ない（図7-1）。また、各国と比較しても日本の難民認定数、難民認定率は非常に低い（表7-1）。UNHCRも、2017年の年次報告で日本の難民認定数の低さを名指しで批判している[5]。

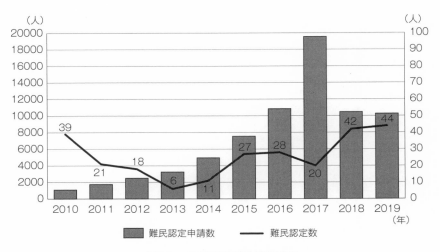

図7-1　日本の難民認定状況推移

出典：毎年の法務省の難民認定数等をもとにJAR作成

表7-1　G7＋韓国の難民認定数と難民認定率の比較

2018年	認定数（人）	認定率（％）
ドイツ	56,583	23.0
米国	35,198	35.4
フランス	29,035	19.2
カナダ	16,875	56.4
イギリス	12,027	32.5
イタリア	6,448	6.8
韓国	118	3.1
日本	42	0.3

出典：UNHCRの2018年のGlobal TrendsをもとにJAR作成

（1）難民とは誰のこと？：難民の定義

難民とは、難民条約で、以下の人々と定められている（1951年難民の地位に関する条約第1条A（2））。

「人種、宗教、国籍もしくは特定の社会的集団の構成員であることまたは政治的意見を理由に迫害を受ける恐れがあるという十分に理由のある恐怖を有するために、国籍国の外にいる者であって、その国籍国の保護を受けることができない者またはそのような恐怖を有するためにその国籍国の保護を望まない者及びこれらの事件の結果として常居所を有していた国の外にいる無国籍者であって、当該常居所を有していた国に帰ることができない者またはそのような恐怖を有するために当該常居所を有していた国に帰ることを望まない者」

難民条約のもとで、難民として認定されるには、

（1）申請者が出身国または常居所を有していた国の外にいること
（2）申請者が、十分に理由のある恐怖を有していること。つまり客観的な根拠のある送還への主観的恐怖を有していること。さらに国籍国や常居国

でなんらかの危害を受ける合理的な可能性があり、それゆえ、当該国の保護が受けられないまたは保護を望まないこと

(3) 恐れられている危害が迫害に相当すること。つまり、人権の重大な侵害や他の種類の深刻な危害であること

(4) 申請者が難民条約上の理由（人種、宗教、国籍、特定の社会的集団の構成員であること、政治的意見）による迫害を恐れていること

の4つの条件[6]を満たしている必要がある。

例えば、国が認めていない宗教を信仰したことにより死刑になる恐れがある人、軍事政権下にある国で民主化活動を行ったために投獄された人、昨今増えつつあるのは性的マイノリティであるがゆえに逮捕される可能性のある人などがあげられる。

このような人々が、自らの国籍国の外、つまり日本の場合であれば、日本に逃れ、難民申請により日本政府による保護を求めることができる。

(2) 日本の難民認定制度

日本は1981年に難民条約に加入（1982年に発効）し、「出入国管理及び難民認定法」に難民申請の手続きを定めている。難民の地位を認定する責任は日本政府にあり、法務省が管轄している。

難民申請は、一次審査と不服申し立ての機能としての審査請求の2段階で構成されている。申請者が居住する地域の出入国在留管理局（以下、入管）に難民申請書を提出することにより、手続きが開始する。図7-2にもある通り、一次審査で平均約17.0ヶ月、審査請求で平均約17.9ヶ月の処理期間がかかる[7]。

難民申請の結果、難民認定された場合、本国へ送還しないことが保障され、定住者5年の在留資格を得ることができる。日本在住の日本国民と同等の待遇が受けられ、永住許可及び帰化の要件も緩和される。また、難民申請は不認定処分であった場合でも、本国への送還に相当しないと判断された場合、人道配慮による地位が与えられ、在留を許可される。この場合は特定活動1年の在留

資格を得ることができるが、難民認定された人に与えられる保証や便宜はない。

　最近の大きな変化としては、2018年より「更なる運用の見直し」が始まった。これは、真の難民を迅速に保護することを目的として開始されたものではあるが、いくつかの課題も指摘されている。これは、難民申請者の生活とも大きく関係する。詳しくは後述したい。

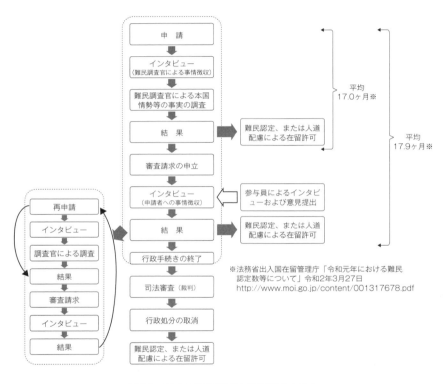

図7-2　日本の難民認定申請手続きの流れ
出典：法務省が発表している難民申請の手続きの流れをもとにJAR作成

(3) 事例でみる難民の実情

（＊名前はすべて仮名として、個人が特定されないよう一部内容を変更している）

■事例1：アフリカA国出身のヘンリーさん

　ヘンリーさんは、アフリカのA国より来日した。A国では小学校の教師として勤務し、安定した生活を送っていた。しかし、反政府デモに参加したことをきっかけに投獄された。放免されたが、教師の職も解かれ、身の危険を感じて国外への脱出を試みた。日本に逃れることに決めた積極的な理由はなく、知人を介してビザの手配を依頼したところ、ビザ申請が最も早く許可されたのが日本だった。日本のことはほとんど知らず、行き先が日本であることを知ったのも、国を離れる24時間前だった。

　ようやく日本に着いたが、知り合いもおらず、言葉もわからず、空港を出た後、どこに行けばよいかもわからなかった。また、難民申請をどこでどのようにすればよいかもわからなかった。

　A国からもってくることができた現金は2万円のみだったため、ホテル代を抑えようと、1泊3000円のホステルをインターネットで予約し、宿泊した。しかし、現金はすぐに底を尽き、ホステルを出なければならず、チェックアウトした日以降、野宿状態を強いられた。公園や駅などで野宿をしながら、何とか助けてくれる人を探そうと、同じアフリカ出身と思しき人を見かけたときには全員に声をかけた。約2週間後にたまたま声をかけて知り合った人の部屋に、3日間だけという約束で、間借りさせてもらえることになった。

　当初の3日間は過ぎてしまい、困っていたところ、間借りさせてもらっている人の友人と会う機会があった。自身が抱えている問題について話したところ、支援団体の情報を教えてもらい、相談に行った。

　支援団体では、難民申請方法や難民申請書の記入援助を受け、無事に難民申請できた。また、間借りさせてもらっている部屋も本来はすでに出なければならず、安定した住居がない状態だったため、支援団体よりシェルターの提供を受け、難民申請者のための公的支援の情報が提供された。

　現在は、公的支援を受けながら、難民申請の結果を待っている。

■事例２：中東Ｂ国出身のアフマドさん

　アフマドさんはイスラム教国家であるＢ国の出身。Ｂ国ではキリスト教を信仰することは禁じられており、当局にそれがわかったら逮捕されてしまう。アフマドさんはＢ国の事情を理解していたが、友人の影響により、キリスト教の教えに共感し、地下教会に通うようになった。さらに、自身が教会に通うだけではなく、布教活動にも力を入れるようになった。

　キリスト教の活動が広がるにつれ、当局に目をつけられる危険性が高まってきたため、アフマドさんは留学生として日本に逃れることを決めた。留学の期間を修了し、帰国しなければならない時期が近づいたが、アフマドさんのキリスト教への信仰は変わらず、Ｂ国の状況にも変化はなく、帰国することができなかったため、難民申請した。

　しかし、不認定処分を受け、在留資格も失ってしまった。1回目の難民申請については訴訟中で、2回目の難民申請を行っている。来日後10年が経過しているため、日本語は上達してはいるが、何でも相談できる友人はいない。オーバーステイのため、いつ収容されてもおかしくない。また、就労許可もなく、公的支援の対象外であり、生活する手立てが全くなく、住んでいるアパートの家賃を数か月分滞納している。同じ教会に通っている人から時折金銭援助を受け何とか生活しているが、生活にも困窮していることから、睡眠をとることができず、精神的に不安定な状態である。

　難民申請当初より相談している支援団体とは今でもつながっており、精神科での受診や食料支援を受けている。

■事例３：アジアＣ国出身のタンさん

　タンさんはＣ国にて、野党の党員として民主化活動を行っていた。仲間の党員が次々と逮捕されていくのを見て、自身にも逮捕が迫っていることを感じ、アジアで経済的にも発展した民主国家である日本を積極的に選択し、来日した。

　来日時、短期滞在15日間の在留資格を得たが、難民申請方法がわからなかったために在留資格が有効なうちに難民申請できず、オーバーステイとなってしまった。

ある日、職務質問によりオーバーステイであることがわかり、収容された。収容中に難民申請したが、不認定処分を受けたため、2回目の難民申請をすると同時に、1回目の難民申請に対し、訴訟を起こした。2年後に放免されたが、仮放免だったため就労許可もなく、公的支援も対象外のため、生活手段が全くなかった。同国人宅に同居させてもらい、食費等の援助も受けながら、どうにか生活していた。

　来日から7年後、1回目の難民申請に対する裁判で勝訴し、難民認定を得ることができた。難民認定後、家族呼び寄せが実現し、7年ぶりに家族で生活ができることになった。認定された難民のための日本語プログラムを家族とともに受講し、工場でのアルバイトの職に就くことができた。

2. 日本における難民の受け入れと支援の実情はどのようなものか

（1）日本における難民の受け入れ

　従来日本が受け入れてきた難民は、大きく3つのグループがある。それらは、政治的措置により受け入れたインドシナ難民、第三国定住、そして1981年に加入した難民条約に基づく難民（条約難民）である。

・インドシナ難民

　ベトナム戦争により母国を脱出し難民となった人々を意味する。加えて、ラオス・カンボジアからの難民も含む。1975年に初めてボートピープルが日本に上陸した。当時、難民条約未加入であった日本は、政治的措置としてインドシナ難民の一時滞在を認め、その後閣議了解により受け入れを決めた。

・第三国定住

　すでに母国を逃れて難民となっているが、一次避難国では保護を受けられない人を他国（第三国）が受け入れる制度である。避難先の国から第三国に移動することにより、保護を受けることができ、長期的に定住することが可能とな

る。日本では2010年より、母国ミャンマー（ビルマ）を脱出し、タイに避難していた少数民族カレン民族の難民を対象として開始した。日本で受け入れる第三国定住難民は、難民キャンプにて日本語などの出国前研修を受けたうえで、来日後の研修を経て、日本社会への定住へとすすむ。難民にとってだけでなく、これまで難民受け入れ数が少なく、国際的に批判されてきた日本にとっても、非常に重要な取り組みと言える。

・条約難民

　難民条約により定義された難民を指す。難民申請を行うことにより、入管が難民かどうかの判断を行う（詳しくは、はじめにの難民の定義、日本の難民認定制度を参照）。

　また、シリア難民については、日本政府とJICAが留学生として日本に受け入れるプログラムを行っているなど、難民としての人道的な受け入れだけではなく、留学生としての受け入れも行われている。

（2）難民申請者への公的支援と支援の実情

　ここでは、先述のうち条約難民、特に難民申請の結果を待っている難民申請者に焦点を当て述べていきたい。

・更なる運用の見直し

　「難民認定制度の適正化のための更なる運用の見直し」[8]（以下、「更なる運用の見直し」）が、2018年1月15日以降の難民申請より実施された。これは、2015年9月から法務省入国管理局が実施してきた「運用の見直し」[9]を、「濫用、誤用的な難民認定申請を抑制する」ことを目的として、これまで以上に難民申請者の在留と就労を制限するものである。

　庇護希望者が難民申請書を居住する地域を管轄する入管に提出すると、各案件は2ヶ月以内にA～Dのいずれかに振り分けられる。

A案件：「難民条約上の難民である可能性が高い、または本国が内戦状況であることにより人道上の配慮を有するもの」

　B案件：「難民条約上の迫害事由に明らかに該当しない事情を主張しているもの」

　C案件：「再申請者である場合に、正当な理由なく前回と同様の主張を繰り返すもの」

　D案件：上記A～C以外の案件とされる。

　難民申請の初回申請者のうち、A案件に振り分けられた場合、在留資格のある人は速やかに「特定活動6ヶ月、就労可」が付与されるが、2019年のA案件は83件[10]だった。B案件はすべての人の在留が制限され、在留資格を失うこととなる。D案件は、以下の2つのパターンに分かれる。D1案件は、先述の事例2のアフマドさんのように、技能実習生や留学生など本来の在留活動を行わなくなった後、または、出国準備のための在留資格を付与された後に難民申請をした場合で、「就労不可の特定活動3ヶ月」が付与される。D2案件は、D1案件以外の短期滞在等の在留資格を有する場合、難民申請から8ヶ月後に「特定活動6ヶ月、就労可」を申請することができる。2019年は、このD案件が約9割以上[11]となっている。

　難民申請の2回目以降、複数回申請者については、A案件に振り分けられた場合、初回申請者同様、在留資格のある者は速やかに「特定活動6ヶ月、就労可」が付与される。しかし、複数回申請者は、A案件に振り分けられない限り、C案件に振り分けられ、一律在留制限の対象となり、在留資格は更新されずに非正規滞在の状態になりうる。ゆえに、就労許可はもちろんない（表7-2）。

　「更なる運用の見直し」実施後の、JARでの相談業務を通じて見えた課題として、以下3点をあげる。

　1点目として、初回申請でD2案件に振り分けられた場合の課題として、就労許可の待機期間が6ヶ月から8ヶ月に延長されたことと、その間、社会保障

表7-2　2019年の案件振り分け状況

案件分類	A 条約難民 または人道配慮の 可能性が高い	B 難民条約上の 迫害に明らかに 該当しない	C 再申請＋ 正当な理由なく前 回と同じ主張	D それ以外
件数*1 （2019年1～12月）	83	281	409	9,602
割合	0.8%	2.7%	3.9%	92.5%
新方針における処遇*2				
初回申請	在留可 就労可 速やかに就労可能な 「特定活動（6ヶ月）」	在留不可 就労不可	―	一部に 在留期間短縮*3 就労不可
複数回申請			在留不可 就労不可	在留不可 就労不可

＊1　法務省出入国在留管理庁「令和元年における難民認定数等について」（令和2年3月27日）より作成
＊2　「難民認定制度の適正化のための更なる運用の見直しについて」より作成
＊3　一部とは、失踪した技能実習生や退学した留学生等の本来の在留資格に該当する活動を行わなくなった後に難民認定申請した申請者や、出国準備期間中に難民認定申請した申請者。また、この場合の在留期間は縦前の6ヶ月から3ヶ月に短縮

出典：JAR作成

サービス等にアクセスできないことがあげられる。JARには、来日直後の庇護希望者が比較的多く相談に訪れるが、日本入国時に短期滞在15日等の在留資格が付与され、その間に難民申請をするケースがよくある。「更なる運用の見直し」前は、「短期滞在（15日）」→「短期滞在（90日）」→「特定活動（6ヶ月：就労不可）」と在留資格が変更された後、難民申請から計6ヶ月経過した在留資格保持者には一律就労資格が認められていた。しかし現在は、「短期滞在（15日）」→「特定活動（2ヶ月：就労不可）」→「特定活動（3ヶ月：就労不可）」→「特定活動（3ヶ月：就労不可）」→「特定活動（6ヶ月：就労可）」と在留資格が変更されることとなり、難民申請から計8ヶ月経過しないと就労許可の申請ができない。

　また、「更なる運用の見直し」前は、特定活動6ヶ月が付与された時点で、在留カードが交付されていた。そのため、来日から約3ヶ月経過後に住民登録ができ、国民健康保険への加入や、その他の行政サービスを受けることができた。しかし、現在は、特定活動6ヶ月を付与されるまでの約8ヶ月間、3ヶ月

を超える在留資格が付与されないため、在留カードが交付されず、国民健康保険にも加入できない。国民健康保険があれば3割負担のところ、無保険で医療機関にて受診した場合、自由診療となり、15割増や20割増の医療費が請求されることもある。また、事実上、中長期在留者であり、多くの人がいずれかの地域で居住しているにもかかわらず、各自治体では住民として認識されないという矛盾が起きている。

JARに相談に訪れる来日直後の人のなかには、母国からのわずかな持参金が尽きてホームレス状態となったり、慣れない気候や厳しい生活のなかで体調を崩したり、持病の治療を本来であれば続けなければいけなかったりする人もいる。また、日本で生まれた新生児が生後8ヶ月間も無保険状態が続くこともある。医療にアクセスする必要があるにもかかわらず、無保険の状態が続くことにより、病状の悪化や、生命を脅かすことになりかねないと危惧している。

次に、技能実習生や留学生など、本来の在留活動を行わなくなった後に難民申請をした場合に振り分けられる可能性のあるD1案件についてである。日本に留学をしていたが、学業修了時に母国に帰れない事情が発生することは起こりうり、実際に留学生であった方が難民認定された事例はある。

しかし、D1案件に振り分けられると、難民申請の結果が出るまで、「就労不可の特定活動（3ヶ月）」の更新が続くため、就労できない状態が続く。また、在留期間が3ヶ月のため、中長期在留者と認められず、在留カードが交付されない。このため、住民登録ができず、国民健康保険等の行政サービスも受けられない状態が続く。

最後に、難民申請を再申請した場合について言及したい。再申請により、難民認定や人道配慮による地位を得た事例は今までもある[12]が、A案件に振り分けられない限り、現在は在留資格を失うこととなる。「更なる運用の見直し」前は、再申請中も、就労資格は失ったとしても在留資格は難民申請の結果が出るまで更新されていたが、現在は非正規滞在の状態で難民申請の結果を待たねばならなくなり、法的に非常に不安定な状況に置かれる。

（3）難民申請者への公的支援

　難民申請者に特化した唯一の公的支援が、政府が外務省の委託事業としている、難民事業本部による保護措置（保護費の支給）である（図7-3、表7-3）。

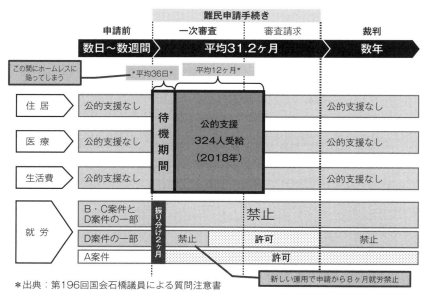

図7-3　難民申請者への公的支援

出典：JAR作成

表7-3　難民申請者への公的支援と生活保護の比較（2019年6月現在）

	難民申請者への保護費	生活保護
所轄庁	外務省	厚生労働省
根拠法令	無（政府予算による支給制度）	生活保護法
その他設置の根拠	閣議了解「インドシナ難民対策の拡充・強化について」（昭和54年7月13日）、難民行政監察（昭和57年7月）	日本国憲法
原理・原則	難民条約（※1）	4つの原理（国家責任の原理、無別平等の原理、最低生活保障の原理、補足性の原理）4つの原則（申請保護の原則、基準および程度の原則、必要即応の原則、世帯単位の原則）
実施機関	難民事業本部（公益財団法人アジア福祉教育財団）	原則として都道府県知事及び市町村長

保護対象	法務省出入国在留管理庁に対し難民認定申請手続きを行った外国人のうち、外務省が定める要件に該当する者	日本国籍を有する者（定住する外国人は準用）
保護範囲	生活、住宅、医療	生活、教育、住宅、医療、介護、出産、生業、葬祭
▸生活	基準額：食費、その他の経費を合わせて同時に定める日額を支給	基準額：①食費等の個人的費用、②光熱水費等の世帯共通費用を合算して算出。加えて特定の世帯には加算がある（母子加算等 ※2）
▸住宅	独自に定める範囲内で実費を支給	定められた範囲内で実費を支給
▸医療	本人が負担（立替）し、請求書をRHQに送付することによって還付される	費用は直接医療機関へ支払い（本人負担なし）
申請から決定までの期間	平均約36日（※3） 緊急性が著しく高い場合は数週間（※4）	14日以内に決定を通知
保護開始時期	保護が決定した後の指定日	保護決定後、申請日に遡及
保護不認定の通知方法	口頭での通知	書面による通知
不要可能性の調査対象	①夫婦（内縁の夫婦を含む） ②直系血族及び兄弟姉妹 ③三親等内の親族のうち、次に掲げる者 ア　現に当該保護措置申請者又はその世帯に属する者を扶養している者 イ　過去に現に当該保護措置申請者又はその世帯に属する者を扶養している者から不要を受けたことがある場合等扶養の履行を期待できる特別の事情があり、かつ、扶養能力があると推測される者 ④生計を同じくする親族	①夫婦間及び親の未成熟の子に対する関係 ②直系血族及び兄弟姉妹 ③三親等内の親族（おじ、おば、甥、姪）のうち特別な事情（過去にこの要保護者又はその世帯に属する人から扶養を受けるなど）がある者
保護終了時期	異議申立の却下時点	一定の収入を得るまで継続

〈その他留意点〉

	難民申請者への保護費	生活保護
入居時の敷金等	支給なし	全額支給
公的手当	収入認定対象（※5）（保護費を受給していない月分まで対象になる）	収入認定対象（ただし加算等あり／月額で収入認定）
お祝い金・見舞金	収入認定対象	「社会通念上の範囲」として収入認定はされない
▸出産	一定の金額を収入認定しない取扱いとすべく、収入認定しない祝い金の上限額等について検討しているところです（2018年5月25日外務省回答）	
入学準備金	支給なし	支給あり

※1：平成30年（行コ）第228号難民不認定処分取消等請求控訴事件では「法務大臣が難民認定を受けていないものに対して、他の行政機関等が難民と認めて保護を与えることを容認する」難民条約加入当時の法務省民事局付検事の見解が引用されている

※2：妊産婦加算、母子加算、障害者加算、介護施設入所者加算、在宅患者加算、放射線障がい者加算、児童養育加算、介護保険料加算

※3：第198回国会・質問第64号 参議院議員石橋通宏議員「我が国における難民認定の状況に関する質問主意書」政府答弁より

※4：第193回国会・質問第146号 参議院議員石橋通宏議員「難民認定状況に関する質問主意書」政府答弁より

※5：現在平成31年度予算要求において、保護費の水準の見直しを検討しているところです。収入認定の範囲についても、あわせて見直しを検討中です（2018年5月25日外務省回答）

出典：JAR作成

まず、対象者は難民申請の初回申請者である。よって、難民申請前や初回の難民申請が不認定となり、2回目以上の難民申請をしている人は対象外となる。

　上述の対象者であり、かつ生活が困窮している人は、保護措置を申請することができる。申請から受給まで、平均で36日間の待機期間がある[13]。JARで支援している難民申請者のなかには、申請から受給までの待機期間が半年以上あった人もいる。

　また、保護費の支給額も、生活保護水準よりも低い。生活費が1日1600円で、住居費が1人世帯の場合は4万円までとされている。特に住居費については、敷金、礼金等の支給は一切ないため、敷金、礼金などの前金が不要、かつ保証人も不要な物件を探さねばならない。就労もしていない、日本語もままならない外国人が、このような条件の物件を探すことは至難の業である。

　医療費についても保護措置にて支給されるが、まず先述の支給された生活費のなかから申請者自身が医療費を支払わねばならない。医療機関より発行された領収書を難民事業本部に郵送し、後日返金される。よって、例えば月の初旬に生活費が支給された場合、月末には生活費を使い果たしていることが予想され、月末に医療機関にて受診したくても、医療費が支払えない場合がある。

　以上より、公的支援は存在するが、非常に限定的であると言わざるを得ない。また、各支給額も生活保護よりも低い水準のため、日本国憲法で定められている「健康で文化的な最低限度の生活」[14]以下の生活を強いられていると言える。

(4) 難民の支援における工夫や取組：JARの支援活動から

　JARは設立以来、難民一人ひとりへの支援を行っている。2018年度[15]は、年間62ヶ国から逃れてきた難民がJARに相談に訪れ、法的支援・生活支援・就労支援の相談・支援件数はのべ3606件に及ぶ[16]。日本政府への難民申請者は例年アジア諸国の方々が上位を占める[17]一方、JARに来訪された方々の約6割はアフリカ各国の出身であることも、JARの特徴だ[18]。毎日15人前後の難民がJARの事務所に訪れ、あらゆる相談に応じている。来日直後で右も左もわからない人から、20年以上日本に滞在しているものの在留資格を得られない

人までとても幅広い。

　JARでは、法的支援と生活支援の両方を重視し、それぞれの支援を行っていることを特色としている。

　法的支援では、難民条約や難民申請と在留資格の手続きに関する情報提供、難民申請書類の作成補助、収容施設にいる難民申請者への面会や法的支援ニーズが高い難民への弁護士の紹介などを行っている。法的な情報を得ることは重要だが、彼ら・彼女らは難民である前に1人の人間であり、日本で生活していかねばならない。食べるものがない、眠る場所がない人に対して、難民申請書を書くように伝えたところで、今日どこに行けばよいかもわからない人が落ち着いて書類を書いたり、少し先にある入管での難民申請のインタビューのことを考えたりすることはとても難しい。

　また、生活支援では、医食住の確保、具体的には住居のない人にシェルターを提供したり、持病のある人や体調を崩している人に医療機関を探したりする（写真7-1）。食べ物に事欠く人も多いため、食料の提供を行っている（写真7-2）。生活支援を提供するにあたり、一人ひとりを理解することが重要だ。どのよう

写真7-1　JAR事務所の様子
野宿状態の方が来訪した際、空いている相談室があった場合には、日中相談室で仮眠をとってもらうこともある。この日は、野宿状態の方が複数来訪され、3部屋を仮眠スペースとして使っていた。

写真7-2　JAR事務所内の食料棚
事務所に来訪された方へ提供する食料を保管している棚。なかには宗教上の制限から豚肉が食べられない方がいるため、No porkの目印をつけ、豚肉および豚肉由来の成分が含まれていないものと含まれるものを別々に保管している。

な理由で母国を逃れなければならなかったのか、どのように人間としての尊厳を傷つけられてきたのか、何を大切にしているのかを知ることは非常に重要だ[19]。そして、難民申請のどの段階にいるのか、在留資格の有無、有る場合にはどのような在留資格をもっているのかなど、法的側面を理解していないと、適切な情報や支援の提供ができない。例えば、相談者が何回目の難民申請中なのかによって、公的支援[20]の対象者かどうかが異なり、在留カードが発行されているかどうかによって、国民健康保険に加入できるか否かが異なる。

　このように、法的支援と生活支援は表裏一体で、特に生活支援を提供するにあたっては相談者の難民申請理由、法的地位などを理解することが不可欠である。

3. 難民に接する際の留意点

(1) 個人情報保護

　難民に接する際、特に重要なのは個人情報保護の点だ。例えばJARでは、難民申請中の方の取材をしたいとメディアの方からご要望をいただくことがあるが、実名や顔写真を出すこと、個人が特定されるような情報の掲載はお断りしている。その方が家族を母国に残して逃れてきているような場合、メディアに掲載されることにより、日本で難民申請していることを当局が把握するところとなり、家族に危害が加えられる恐れがあるなど、申請者本人やその家族にもリスクが及ぶ。

　メディアの掲載だけでなく、個人が特定されるような情報については、取り扱いに最大限の注意を払う必要がある。例えば、日本に住んでいる人数がごく少数の国の出身である場合、その国の大使館によって個人が特定されてしまうこともありうる。

　また、一般的に外国人が生活に困窮するなど問題を抱えた場合、自国の在日大使館に相談や情報照会をすることがあるかもしれない。しかし、難民の場合、大使館への相談はできない。なぜなら、多くの場合、母国の政府による迫害か

ら逃れてきており、自国の在日大使館に相談することは、海外に逃れて難民申請していることを、自身に迫害を加えてきた政府に対し、自ら宣言しに行くようなものだからだ。これは、難民申請者以外の外国人とは大きな違いである。

　さらに、コミュニティとの関係も同様だ。外国人の場合、1つの地域に集住しているなど、同国人のコミュニティのなかでお互いに助け合って生活している。日本にも、例えばビルマ人やトルコからのクルド人など、千人単位の難民が日本に住んでいるような場合にはある地域に集住し、コミュニティが形成されている。

　しかし、一般的に、同国人の既存のコミュニティに難民を安易に紹介してしまうことにリスクがある。既存のコミュニティは、外交官や国費留学生など政府と関係性の強い方々によって形成されている場合も考えられるため、多くの難民にとっての迫害主体である自国の政府と結びつきの深いコミュニティに身を置くことによって、難民の情報が自国の政府に共有されることは、難民本人や家族に大きなリスクを伴うことになる。

　また、いうまでもなく、難民一人ひとりは異なる背景、文化、宗教等々をもつ。たとえ同じ国から逃れてきた難民の間でも、母国を離れなければならなかった理由は一人ひとり異なるため、難民申請者同士を引き合わせることにも十分に注意する必要がある。同じ国の出身者であっても、難民申請理由により、政治的な立場や宗教観などが大きく異なる場合がある。

(2) 多様な方々との連携による支援

　JARの生活支援では主に医食住の提供を行っていることを述べてきたが、これは、私たちだけで成立しているわけではなく、個人の方から企業まで、あらゆる方々や関係機関の協力により実現している。

　住居については、シェルターの提供を行っている。私たちが賃貸アパートを借り上げシェルターとして利用している部屋もあるが、キリスト教系の団体が所有するシェルターや生活困窮者支援を行っている団体のお部屋を利用させてもらうなどして、約30部屋をシェルターとして利用することができている。

また、転居先からの住居として、賃貸アパートを所有されている個人の方のなかには、難民申請者用に相場よりも安い家賃で部屋を貸してくださる方もいる。

提供している食料、衣類や物資は、JARの個人支援者の方々やフードバンクの団体などさまざまな方々から寄贈していただいている。ある企業からは前日売れ残ったパンを翌朝提供いただいたくなど、日本での難民支援に共感してくださった方々からの協力を得ている。

医療機関での受診では、無料低額診療事業を利用する場合がある。公的支援の申請中の方や支援対象外の方は、多くの場合が健康保険に加入できず医療費の支払いもままならないため、無料低額診療事業を行っている医療機関に橋渡しし、無料で受診することができている。これらの医療機関の協力なくしては、適切な医療につなげることはできない。

今後も、このような協働の輪を広げていくことは、限られた資源のなかでの支援を行っていくうえで大変重要である。こうした支援や協働が、ささやかなものでもよいので広がることを期待している。

4. 生じている課題と取組のあり方

(1) 出口の見えない支援

すでに述べた通り、日本で難民申請したとしても、99％以上の人は不認定処分を受ける。また、「更なる運用の見直し」で述べたように、複数回難民申請すると在留資格を失うため、就労資格も失い、住民登録もできなくなるため、国民健康保険にも加入できなくなり、あらゆる行政サービスの対象外となる。生活する手立てを失い、利用できる社会資源も少ないことから、知り合いの援助を得ながら、何とか生活している。

オーバーステイとなった方々は、入管に収容されるかもしれない恐れも抱きながら生活している。実際に収容されてしまう方もいるが、迫害の危険が待つ母国には帰ることができないため、収容が長期化する。収容から放免されても、

在留資格を得られるわけではないため、生活手段が全くない状況で生きていかなければならない。

　このように在留資格がなく、生活の手立てを失った方々への支援を十分にできているわけではないが、多様な方々と協働しながら、私たちにできることは何かをそのつど探している。しかし、根本的には在留資格を得られないと、生活状況にも大きな変化はもたらされない。法的支援も行っている強みを活かし、1人でも多くの方が難民認定されるよう支援を提供していきたい。

（2）限定的な公的支援

　難民申請者への公的支援は限定的で、眠る場所がない、食べるものがないなど最低限の生活すら営むことが難しい現状がある。

　諸外国の公的支援の取り組みもさまざまで、ヨーロッパでは、難民申請者には必ず住居が提供される国や、生活費の支給についても受給までの待機期間を短くするような取り組みがなされている国もある。しかし、残念ながら日本はそうではない。

　日本で実施されている公的支援は、難民申請者への情報提供も不十分なため、対象者となりうる方が、公的支援の存在を知らないこともある。申請から受給までの待機期間があり、その間に特に困窮状態に陥ることとは別に、ここでは初回の難民申請が不認定となってしまった場合についても言及しておきたい。行政訴訟を行っていない難民申請の再申請者は公的支援の対象外であり、かつ就労資格もない。そのため、生活手段が奪われてしまう。困窮した状態に陥り、家賃や水道光熱費が支払えず、毎日の食料を得るのがやっとという状態に陥る。難民申請の再申請者が対象に含まれていた2010年以前の公的支援の対象者に戻すことが求められている。

　これには、難民一人ひとりに支援を提供するだけでなく、実際の支援を通じて見えてきた課題を政策提言に活かしていく取り組みも必要だ。JARでも政策提言を活動の3つの柱のうちの1本としており、政策提言を行っている部署と日常的に連携しながら、ボトムアップの政策提言を行っている。

今後とも、難民への直接支援、実際の支援で見えた課題をもとにした政策提言、難民が日本に来ていることそのものや実態を広く知っていただくための広報活動を行いながら、1人でも多くの難民が日本で難民認定され、安心して生活できるよう最善を尽くしたい。

●注 --
1）朝日新聞「波打ち際に横たわる難民男児…　遺体写真に欧州衝撃」（2015年9月3日）
　　https://www.asahi.com/articles/ASH934W32H93UHBI019.html
2）2020年4月末時点で、7040人がJARに登録している。
3）UNHCR数字で見る難民情勢（2018年）https://www.unhcr.org/jp/global_trends_2018
4）法務省出入国在留管理庁「令和元年における難民認定数等について」令和2年3月27日
　　http://www.moj.go.jp/content/001317678.pdf
5）UNHCR Global Trends: Forced Deplacement 2017
　　https://www.unhcr.org/dach/wp-content/uploads/sites/27/2018/06/GlobalTrends
　　2017.pdf
6）UNHCR駐日事務所「難民認定研修テキスト」第5版、2017年12月。
7）4同上。
8）法務省入国管理局「難民認定制度の適正化のための更なる運用の見直しについて」2018
　　年1月12日。
9）法務省入国管理局「難民認定制度の運用の見直しの概要について」2015年9月15日。
10）4同上。
11）4同上。
12）答弁書第146号参議院議員石橋通宏君提出難民認定状況に関する質問に対する答弁書
　　（2017年6月27日）。
13）第198回国会・質問第64号参議院議員石橋通宏議員「我が国における難民認定の状況
　　に関する質問主意書」政府答弁。
14）日本国憲法第25条「すべて国民は、健康で文化的な最低限度の生活を営む権利を有す
　　る。国は、すべての生活部面について、社会福祉、社会保障及び公衆衛生の向上及び
　　増進に努めなければならない。」。
15）2018年7月から2019年6月までの1年間を指す。
16）難民支援協会2018年度年次報告書。
17）日本政府への難民申請者数の2019年度の上位5ヶ国は、スリランカ、トルコ、カンボ
　　ジア、ネパール、パキスタンである（出典：4同上）。
18）15同上。
19）法的支援の一環として行っている登録では、一人ひとりの民族、宗教、家族構成等々
　　の基本情報と、なぜ母国を逃れなければならなかったのかの聞き取りを行う。
20）外務省が委託事業として実施している難民事業本部による保護措置。

諸機関と協働する支援：日本国際社会事業団（ISSJ）の活動

石川美絵子

　日本国際社会事業団（International Social Service Japan、以下ISSJ）では、日本で暮らす難民・移民の支援を行っています。1952年の創設期には、駐留軍兵士と日本女性の間に生まれ、家族と暮らすことが難しい子どもの養子縁組を行いました。その後、ボートピープル／インドシナ難民の到来、外国人労働者の増加などに伴い、子どもと家族を中心に支援を拡大してきました。私たちが支援するのは、法制度のはざまに陥りやすく、既存の支援を受けることが難しい人たちです。本稿では、難民を含めて、移住者と称します。

■福祉的支援

　移住者からISSJに寄せられる相談の範囲は広く、以下のように整理できます。

❶基本的ニーズの充足：住居、食料、医療へのアクセスなど（主に難民申請者）

❷法手続きの支援：無国籍、家族再統合、家族呼び寄せ、養子縁組、氏の変更

❸妊娠・出産：望まぬ妊娠、シングルマザーへの支援を含む

❹家族関係：DV、離婚、面会交流

❺子ども・子育て：教育、発達、療育、生活困窮と学業の維持、若者支援

❻社会統合・社会適応・生活再建：主に在留許可を得た難民への支援（人道配慮を含む）

❼コミュニティ支援：エスニックコミュニティへのソーシャルワーク

❽ルーツ探し：養子縁組後の支援

　これらの相談は本人からだけではなく、見かねた友人やエスニックコミュニティなどから寄せられることもあります。役所に行ったが、断られたというケースも少なくありません。在留資格の関係で公的支援の対象とならないか、何らかの障壁または誤解があって支援を受けられないか、のどちらかです。最近では、自分のところに来たがどう対応してよいかわからないといって、私たちに相談を寄せる行政機関も増えて

きました。

■関係機関につなぐことの重要性

　ISSJは相談機関としての性格をもち、金銭を含む物質的支援は基本的に行っていません。ソーシャルワーカーは10名（社会福祉士6名、精神保健福祉士1名、外国籍ワーカー2名を含む）という小世帯なので、多様な相談を自分たちだけで解決に導くことは困難です。したがって、支援に当たるには、福祉職以外の専門家、あるいは他機関との連携が必須になります。

　他職種・他機関と連携することは、単に支援に協力してもらうだけではなく、いくつかの点で重要と考えています。

■意義その1：当事者を地域につなぐ

　外国籍に特有の課題であるとしても、それは地域の課題として捉えられるべきです。彼らはその地域の住民なのです。私たちは障壁を取り除く支援をしますが、課題は地域で把握されるべきです。そうでなければ、同じ課題を抱えた次の人を支援する知見が共有されません。

■意義その2：抱え込まない

　上記とも関連しますが、私たちが支援団体として抱え込まないことが大切です。ISSJだけが支援するとクライエントとの関係が固定化し、支配的な構造が生まれる可能性が生じます。そうではなく、多様な関係者が連携し、クライエントを包摂するようなネットワークを構築することが重要です。それは1団体だけでは思いつかない、あるいは実施できない支援を可能にし、クライエントも1か所に依存しないで済みます。

■意義その3：公的な資源を使う

　ISSJは経済的支援をしませんが、困窮に係る相談は常にあります。とりわけ、クライエントに就労許可や住民登録がないと、利用できる公的支援は極めて限定的です。

そのようなときに経済援助で解決してしまうと、資金が尽きたときが支援の終了になります。できる限り公的な支援を探し、つなぐことによって継続的な支援が可能になるのです。医療支援では、まず無料低額診療や入院助産などを利用できるか検討します。在留資格があれば、困窮したときは福祉資金などが利用できるか問い合わせます。制度の利用は自治体によって異なりますが、事情を丁寧に説明すると親切に対応してもらえる場合もあります。何を探してどこにつなぐか、ワーカーの力量の見せどころです。

■国際福祉：International Social Work

　私たちの支援は福祉（ソーシャルワーク）の枠組みで行いますが、国境を越えて暮らす人々を対象とするので、他国の法制度や国際問題、他文化に関する知識が必要になります。国際福祉に定まった定義はありませんが、福祉が国境を越えるとき、国際福祉と称していいと考えます。外国につながる人々への支援も、人と環境を一体的に捉えるという福祉の視点は同じです。が、環境の範囲は広く、日本の社会保障にとどまらない知識・世界観が求められます。ISSJの知見が地域福祉や行政・病院・学校現場などと連携することで、クライエントに有効な支援を提供できると考えています。

第 8 章

国際社会における
外国人の支援と権利保障

木村真理子

はじめに

外国人への支援では、「何を大切にして支援するのか」という点につきあたったり、悩んだりすることがある。グローバリゼーションの進展は、世界各国に深刻な課題を生み出している。国連、国連関係機関、NGO、各国政府、多国籍企業を含む多セクターとの協働の意識を強め、貧困、強制的移住、移住労働、難民の発生、子どもや女性に対する虐待、女性の教育、人身売買、病気の大流行、環境破壊などの課題に対して、多機関が協働して取り組む必要性が強調されている（Global Agenda Report 1st, 2nd, 3rd: IASSW, ICSW & IFSW, 2014, 2016, 2018）。国際ソーシャルワークの組織は、ソーシャルワークの可視化を図り、多セクターとの連携のもと、ソーシャルワークの実践の成果を上げようと努めている。ソーシャルワーカーは、専門職の誕生以来、個人の権利を擁護し、人と人との関係を樹立させ、多様なレベルの機能を連結させ、人間と環境に働き、個人のエンパワメントを促進する点で優れた貢献をしてきたとの自負がある。

本章では、国際ソーシャルワーク組織が示すグローバル定義と倫理の観点から、ソーシャルワークと人権の関わりについて、海外での実践も紹介しながら、ともに考えてみたい。

1. ソーシャルワーク専門職のグローバル定義と人権

まず、ソーシャルワークの定義をみていきたい。国際ソーシャルワーカー連盟（IFSW）と国際社会福祉教育連盟（IASSW）の2組織は、2014年に以下に示す新たな定義を採択した。

> ソーシャルワークは、社会変革と社会開発、社会的結束、および人々のエンパワメントと解放を促進する、実践に基づいた専門職であり学問である。社会正義、人権、集団的責任、および多様性尊重の諸原理は、ソーシ

ャルワークの中核をなす。ソーシャルワークの理論、社会科学、人文学および地域・民族固有の知を基盤として、ソーシャルワークは、生活課題に取り組みウェルビーイングを高めるよう、人々やさまざまな構造に働きかける。

　この定義は、各国および世界の各地域で展開してもよい（IFSW and IASSW 2014：https://www.ifsw.org/what-is-social-work/global-definition-of-social-work/）。

　新たな定義が採択された背景には、グローバル化の進展、世界の諸地域の多様性、社会変化、国際情勢などがある。そして、定義はソーシャルワーカーと利用者の関係や専門職の果たす役割の変化を反映した内容となっている。以下、新たな定義に示された理念と権利の保障との関係を探ってみたい。

ソーシャルワーク実践の理念

　ソーシャルワーカーは、国際人権規約をはじめとする人権条約をもととする人権の保障と社会正義を信奉する。これらの法規に込められた理念を専門職の定義にも反映させ、実践の基盤としている。ソーシャルワーク専門職の役割は、人々の社会的結束の機能を高め、社会を構成する人々が集団的責任を果たす機能を促進することであると認識している。「集団的責任」とは、個人が互いに、また環境に対して責任をもつこと、また、コミュニティにおいては、人々が相補的な関係を構築することである。ソーシャルワークの実践は、人々の権利を個々の関わり、地域での生活、そして社会制度のすべてのレベルで擁護し、人々が相互に他者のウェルビーイングに責任をもち、実現に努める。そして、相互依存の関係を人と人、人と環境の間に実現させることにより、促進されるとの信念をもっている。

　ソーシャルワーカーはしばしば、利益、文化、価値、伝統が葛藤し、人々の基本的人権を侵害する可能性のある場面に直面する。文化は、社会的に構築され、動的な性質をもっている。そのような場面において、調整、理解、文化的

価値、信念体系、伝統を吟味しながら、広義の文化を構成する人々と話し合い、反復的な対話を促進しようとすることが重要である、とされている。

　ソーシャルワーク専門職は、以下の信念をもって行動する。

　「すべての個人はかけがえのない固有の価値をもっている。また、個人は最大限の自己実現を図る権利がある。それぞれの個人は他者とともに社会の一員として、社会の発展に寄与する義務がある。」

　この理念のもとで、ソーシャルワーカーは、人々と社会システムに働きかけ、社会正義とエンパワメントを促進するのである。

▌2. ソーシャルワーク専門職の倫理と価値

　ソーシャルワーク専門職組織が掲げる「専門職の倫理宣言」は、社会科学分野における対人支援において、独自性を発揮するものであるとして専門職の誕生以来、以下の点が強調されてきた。

1.　ソーシャルワーカーは、社会正義に対して専心して働く。
2.　ソーシャルワーカーが責任をもって働く場、目的、知識と技術は、個人、集団、コミュニティを含む社会システムである。
3.　ソーシャルワーカーは、不当な差別をすることなく可能なかぎり最良な支援を、ジェンダー、年齢、障害、人種、肌の色、言語、宗教、政治的信条、所有物、性的指向性、社会的地位や社会階層にかかわりなく提供することを求められる。
4.　参加の促進：ソーシャルワーカーは、国連の人権宣言と宣言に示された理念およびその他の国際規約や条約に込められた基本的人権を尊重する。
5.　プライバシー、守秘義務、情報の行使における職業的倫理を重んじる。
6.　ソーシャルワーカーは、クライエントの最良の利益と関係者の利益を尊重する。
7.　全人的処遇：ソーシャルワーカーは、当事者が自らの生命や人生に影響を

与える行動を決定する際に自己決定を行うことを前提とする。

8. 現代の技術を倫理に即して使用する。

9. 職業的誠実さを遂行する。

10. 平和と非暴力を支持する。

　ソーシャルワーカーは、IFSWが採択している職業倫理をもち、それに基づく正当な決定を行い、また、この倫理の声明に立脚している（IFSW 2018）。

3. ソーシャルワーカーの役割と文化や国、国籍、対象を超えた共通性

分野、国、文化を超越する共通の専門職の理念

　ソーシャルワーク専門職のグローバル定義に示された理念は、国際分野のソーシャルワークや移住者に対する支援を含め、あらゆる領域に汎用できる。介入を求められる当事者や領域では、ソーシャルワーカーに、科学的知識、洞察力に加えて実践経験が求められる。また、ソーシャルワーカーが、多分野と文化を超えた人々や状況に即して、当事者の最大の利益のために働く際には、柔軟で多様な文脈で応用すること、そして実践力を身につける教育や訓練が求められる。

　ソーシャルワークの理念は共通であっても、実践の場面では、多様な文化をもつ人々、国と国とのはざまに生じる問題、国境を越えた人々の支援に応用する際に、対応に戸惑いを感じる人は多いだろうと推察される。すでに指摘したように、現在の社会福祉制度、専門職の訓練、そして教育が国内法のもとで整備されている現状があることは大きな要因となっている（木村　2020）。したがって、多様な文脈でソーシャルワークの力を発揮する対応力（コンピテンシー）が求められる。

国際的協力と国際的な人権の枠組みに基づく機能

　グローバリゼーションの進展した社会にあって、ソーシャルワークが対応を

求められるクライエントの背景や状況は、1つの国の制度の枠のみでは対応できない場合が多い。私たちの生活は、国際的な文脈と相互関係のなかに置かれている。国際的な文脈との関連で生じる出来事、それらから影響を受けている人々、そして人道的な支援を求められる課題に対しては、多セクターが参入して課題解決にむけて取り組んでいる。例えば、国連機関、NGO、各国政府、多国籍企業、国際人権組織、そして、ソーシャルワーカーもこのなかに含まれる。

人と環境への働きかけ

　ソーシャルワーカーは、人々に共通する人間的ニーズに対して、人々と環境に働きかける。ソーシャルワーカーは、個人、家族、グループ、コミュニティに発生する問題が拡大するのを防ぎまたは最小化し、すべての人々の生活の質の向上に努める。そうすることで、個人、集団、コミュニティを含め、働きかけを行っている人々の福利と向上を目指す。

社会的平等と固有の権利に基づく支援

　ソーシャルワーカーは国際的課題や多文化の課題に対応する際、葛藤を生じる状況に直面する。そうした状況では、行為の内容がどのようなものであろうとも、関係国の倫理綱領、国際倫理が示す理念や基準に基づいて行動する。ソーシャルワーカーの実践は社会的要素を伴う。個人およびコミュニティでの課題を解決しようとする際、社会的状況や影響との関連において、市民的、政治的権利を完全に実現することは、経済的、社会的および文化的権利を享受することと不可分ではないことを意味している。したがって、経済と社会開発に関する政策は、人権の範囲を保障する上で配慮をすべき重要な部分を占めると捉えている。

人権を促進する専門職の責任

　社会における特定の役割と責任について、ソーシャルワーカーはしばしばコ

ミュニティのあり方を意識する。ソーシャルワーカーの価値体系、訓練と経験において、ソーシャルワーカーは、人権を促進する専門職の責任を重視する。ソーシャルワーカーは、人権に関わる行動においては、ほかの専門職、非営利組織とともに働く。

4. 移住者の生活と適応に関わるソーシャルワーク

これまで国際ソーシャルワーク専門職組織が掲げるソーシャルワークのグローバル定義と倫理の宣言の内容、専門職の倫理、人権の関わりについて、ソーシャルワーク専門職の立場で立脚する倫理について述べてきた。

次に、異なる政治経済文化をもつ国々で生活する個人と集団に対応する社会的支援について紹介する。

【カナダの中国系移住者家族：ソーシャルワーカーの子どもへの関わり】

(1) 子どものよりよい将来を求めて移住を決意する家族

カナダ・バンクーバーには1990年代に中国をはじめとして、アジアからの移住者が大量に押し寄せた。バンクーバー市内のビクトリア地区は、中国を含むアジアからの移住者家族が集住する。この地区には、中国系の店舗、食料品店、レストラン、治療院、中国系商業施設が建ち並ぶアジア系移住者の集住する地域となった。この地区に位置するビクトリア小学校の生徒の70％以上がアジアからの移住者で構成されるに至った。カナダは英語とフランス語を公用語としており、この州の授業は英語で行われている。この小学校に通っている子どもたちの親は、生活に必要な英語は修得している一方、教育に求められるレベルの英語をすべての親が修得しているとは限らない。子どものほうが英語の熟達度が早い。教職員は、必ずしもアジアを文化背景とする人材が占めているわけではない。学校には、校区を受け持つスクールカウンセラーが雇用されており複数の学校を担当して、子どもたちの適応や移住時の課題、家族が抱え

る生活問題等について、学校の教員と共に対応している。また、必要に応じて外部の専門機関と連携し、親を含めたグループワーク、必要な場合には、さらなる専門的サービスの紹介なども行って、移住者の子どもと家族の文化変容の過程と定住の支援を提供する。

　子どもの精神保健、適応行動と家族、特に母親の適応やストレスが相互に関連し合っていると報告されている。また、思春期の移住者の子ども、特に男児は、文化適応プロセスで、暴力的行動を起こしがちであるとの言及もある。親の言語、特に社会的接触が限定的な母親の言語を助ける子どもがときとして通訳者の役割をすることも上記の書物は報告している（シミッチ＆バイザー2017）。

(2) 子どもへの関わりとカナダの多文化地域の小学校の対応

　以下は、ビクトリアスクールが位置する校区でのスクールカウンセラーからの依頼により、約半年間、担当した幾人かの中国からの移住者の子どもとの関わりをもった事例である。スクールカウンセラーからのバンクーバーアートセラピー研究所への支援要請により、週1回、同学校を訪問して、移住者の子どもに5人に対する支援を行った。これらの子どもは、それぞれ、異なる文化圏からカナダへ移住した。母国に残された家族との関係を維持しつつ、生計を支える親との離れ離れの生活、または移住先においては、祖父母や母親は言語習得の困難性、孫を育てる責任を負うなど、複雑な背景をもっている。

　シンディー（仮名、6歳）の両親は、子どものより良い将来を目指して、中国よりもカナダでの生活を選択し、祖父母と父親が子どもを伴ってカナダに移住、母親は母国で母方の高齢の祖父母の介護を行っている。父親は、家計を支えるため、バンクーバーとは大分離れた観光地ウィスラーで住み込の就労をしており、1か月に一度しか帰宅しない。子どもは高齢の祖父母が世話をしている。シンディは、「授業中に突然フリーズして周囲と自分を遮断してしまう」と担任がスクールカウンセラーに支援を依頼した。

　ヴィクター（8歳）とアリス（6歳）の両親は、父方の祖父母と共にカナダに

移住し、中国系家族が住む住宅の地下にある部屋を借り、生活を始めた。両親は、家計を支えるため早朝から夜遅くまで父は工場、母は中華レストランで働き、子どもの面倒は祖父母に任せている。ヴィクターもアリスも、学校は大好きで、学業成績もよい。そんな最中に、父親ががんで急逝した。クラス担任の教員は、2人が父親の死を悼むことが必要ではないかと心配をしている。ふさぎ込む2人の子どもを見るに堪えないと、教員たちは話している。ヴィクターとアリスには、父親を失った悲しみがあると想像するものの、中国の文化では、死を悼む感情を、家族以外の人には話さないものとされているようで、感情を抑圧していると推察される。子どもたちは、学校の授業に十分集中できないでいる。

　ケヴィン（12歳）は、両親がカナダに移住した後に生まれた。弟もいる。父親は中国系貿易会社で勤務、母親は主婦として暮らしている。父方の祖父母も一緒に暮らしている。所得は相当程度あり、生活には困っていないようだが、学業成績が思わしくなく、家族が英語などの科目を十分フォローできないため、課外で学業の足りない部分を補おうとチューターを付けている。学校では、イライラした時にクラスメートに暴力を振るったり、周りからからかわれたりしている。スポーツはバスケットボールに熱中し、パソコンでゲームを楽しむ。外ではピアノレッスンに通っており、送り迎えは母親が行っている。親が子どもの将来に期待をもっている様子が伺える。

　これらの子どもたちとは、それぞれ個別に関係構築をして、精神保健状態を安定させ、学校生活の意欲を引き出し、カナダでの生活に根を下ろす支援をしてほしいとの依頼が、校区のスクールカウンセラーから、バンクーバーアートセラピー研究所に届けられた。この研究所ではソーシャルワークを背景として医療ソーシャルワーカー（MSW）以上の学位を有する人や、心理学を学部で専攻し子どもや青少年の分野でさらに活動したいと考える人々が学んでいる。それぞれの子どもと、週2回、それぞれ40分ずつ関わりをもち、話、アートを用いて、作品を通して話し、学校や家族の話を題材として、関係の構築を図った。学校には、セラピールームと称する部屋が用意してあり、1回のセッシ

ョンは授業時間分を割いてこれらの子どもと関わることが校長から了承されていた。

　ケヴィンは、最初、嫌々、セラピールームにやってきた。「なんで、自分だけ、授業時間中に別の部屋に呼ばれて時間を過ごさなければならないのか」と戸惑いを口にした。理由がよくわからない様子だった。まず関係を作るにはどうしたらよいのか考えながら進めなければならない。自己紹介をして、あなたのことを知りたいと伝えると、自分のことをしぶしぶ話し始めた。父親のこと、母親のこと、祖父母のこと、兄弟のこと、自分の好きなこと、趣味、スポーツ、課外活動、休日の過ごし方など。父親が貿易会社で働いていることも。住んでいる家のことなど、徐々に数回のセッションを過ごすうちに、家の絵を描いたりして、どのような家に住んでいるのか教えてくれた。

　週ごとに、ケヴィンは変化していった。最初は自己表現も苦手な様子が推察された。あまり言葉を発しなかった。それで、何か好きなことを描いてもらおうとして、家族を描いてほしいと伝えたら、家族の絵を描いてくれた。描いた絵は、少し幼いように思われた。次に好きなものを、粘土で作ってみようと話し、一緒に作ることにした。「どうたらできるの？」と聞かれたので、単純な作り方を提案し、中華料理で好きな麺類や目玉焼き、ホットドッグなどを、セラピールームにある多様な工作グッズを用いて作った。着彩は、ソフトボトルの大きな絵具を垂らして大胆に行った。できた作品は、次のセッションまで部屋に置いてあり、次のセッションの時には、粘土作品は乾燥していた。次回のセッションでケヴィンは、作った作品を壊してもよいかと聞いた。「いいよ、あなたの作品だから」と答えると、喜んで、威勢よく壊した。

　そのうち、作ってみたいものを自分から提案したが、作り方は一緒に単純な方法を考えた。変形ロボットや、ジャックと豆の木のはしごが天に届く作品も作ってみたいと言い出し、長い棒を使って柱を作り、緑のモールを巻き付けて豆の木の幹が成長して雲に届くような作品を作った。作ったものを介して会話も弾むようになってきた。

　5か月が経過した頃、校区のカウンセラーから、母親たちの集まりの様子を

伝えられた。ケヴィンが中学に行ってうまく適応できるか、母親が心配しているとのことであった。母親は、親の英語が十分でなく、子どもの学習進度が遅れていること、子どもがそのため、学友からバカにされているなど、心理的に難しい立場に置かれていて、精神的も身体的にも安定しないことを気にしているとのことであった。

　ケヴィンとの週2回の関わりにおいては、ケヴィンは他者に対して、肯定的な態度を示し、自己表現も積極的に変化している様子が見て取れると、校区のカウンセラーに伝えた。学期が終わりに近づいてきたある日、ケヴィンはにこにこしてセラピールームにやってきた。早く何かを伝えたい様子だった。前の週に、「週末、自分の家族と従妹たちの家族でクルーズシップに乗ってシアトルに行く」と聞いていた。その時の様子を知らせたいと、日記を書いてきたという。日記を英語で書いてきて、朗読してくれた。それと同時に、滞在したクルーズシップの内部の様子を粘土で作って教えたいと話した。ケヴィンはシップの部屋の仕切り、椅子、ベッド、テーブルなどを作って、みんながどんなふうに週末を過ごしたか話してくれた。船のなかのレストランや豪華なフロアの様子、みんなであちこち動き回った様子を興奮して話した。それから、絵も描いた。自分といとこは小さなボートで、クルーズシップに引っ張ってもらったという想像上の絵も描いてくれた。

　翌週、最後のセッションの時、また、乾いた作品を壊したいといった。作品を壊すときのケヴィンの表情はとても楽しそうだった。自分が色々なできごとを伝える相手がいることをとても喜んでいる。セラピールームでは、何をしても、叱られない、静止されない、自由を与えられ、自己表現ができる場所があることを、こころから喜び、解放されていっていることが、ケヴィンの、自発的な行動から伝わってきた。

（＊事例部分は、Kimura（2011）をもとに再構成した）

5. 今後の課題：外国人支援、そして国際ソーシャルワークにおける人権とは何か

　ホスト国の多文化に関わる社会のありようと政策は移住者の精神的な健康に影響を及ぼす（Berry 1984）。社会政治文化経済的要因に加えて、個人の経済状況、仕事の有無も動機や資質なども精神保健にかかわる。グローバリゼーションに伴う課題についてさらなる国際的な連帯と協力による課題解決が求められる。それとともに、移住を受け入れているホスト国の政策にも新たな枠組みが求められ、ソーシャルワーク専門職組織は、こうした動向を意識し、移住者の人権とウェルビイングと促進する実践をさらに推し進めようとしている。

　ソーシャルワーカーは共に働く相手との関係を築く過程で、最初の接触の目的に立ち返り、支援の目的を明確にして、本人が先に進む選択を支援していく。ソーシャルワーカーの役割は、当事者の自己決定のプロセスを支援し、解決策や方法を提示するということではない（Truell 2016）。当事者が状況に対して目を開き、状況を直視し、受け入れ、新たな歩みを始める過程を共に歩んでいく。これらの過程を通じて、本人は自らの選択を受け入れ、現実と向き合って歩んでいく。

　移住者は、移住の前から後に至る過程で、文化変容、家族のダイナミクス、本人のホスト社会への統合のプロセス、言語の習得、習慣の変化、2つの祖国の間での意識の変化、心理的適応など、さまざまな経験をする。文中に登場した高齢者、子ども、女性たちは、多様な社会文化政治経済的な背景をもち、個人の特性も異なることから、ソーシャルワーカーはそれぞれを個別の人格と認識する。ソーシャルワーカーは、支援の過程を通じて、常に大きな絵図を描いてクライエントを位置づけ、アセスメントを行い、必要な情報や支援の枠組みを提供し、新たな資源が必要な場合には、フォーマル（公的な支援）とインフォーマルなシステム（友人、知人などの関係に基づく関係）に働きかけ、生活における個人の社会のなかで機能できるよう働きかけていく。

　IFSW（2016）は、移住者の権利とソーシャルワークの役割について、以下のメッセージを発している。

ソーシャルワーク専門職は、人権尊重の理念に立ち、個人を中心に据えた介入と個別性尊重の理念に立ってソーシャルワークを実践する。専門職は、コミュニティや政策実施主体に働きかけ、新たなガバナンスモデル、政策と支援の枠組みを開発・提案し、人間関係と当事者参加を基本的かつ必要不可欠の権利として位置づけ活動する。移住の過程で高齢化に至る移住者を含む支援の枠組みを踏まえ、社会サービスのあり方について再検討を求め、変化させ、新たなシステムを作り出す役割を担う。そして、社会変革をとおして、コミュニティにおいて、すべて人の権利保障を実現させていく。

　ソーシャルワーク専門職は、実践をとおして、必要最低限度の経済的支援、ヘルスサービスへのアクセス、社会的保護システを含めた支援の仕組みを整え、すべての人々を支え、コミュニティの許容性と調和を構築するよう働く。ソーシャルワーク専門職は政府と社会が、高齢者を含め社会開発に資する人々の力を認めるよう働きかける。社会的連帯の実現には、高齢者は（その他の人々とともに、あらゆる人々がそれぞれの）人生について多様な経験を有するとの認識に基づき、文化と多様性を尊重する人間関係が構築されなされなければならない（IFSW 2016）。

●文献 --
Berry, J.（1984）Multicultural policy in Canada: a social psychological analysis. *Canadian Journal of Behavioral Science, 16*, 353-80.
IFSW, https://www.ifsw.org/social-work-action/the-global-agenda/（2020年4月14日採取）.
IFSW and IASSW, 2014, https://www.ifsw.org/what-is-social-work/global-definition-of-social-work/（2020年3月29日採取）.
IFSW（2016）*IFSW Statement from "The Solidarity Symposium on Social Work and Austerity /International Federation of Social Workers"* ［online］Available at: http://ifsw.org/news/ifsw-statement-from-the-solidarity-symposium-on-social-work-and-austerity//［Accessed 24 Feb. 2019］.
Kimura, M.（2011）*"Working with immigrant children in art therapy."* Vancouver Art Therapy Institute. Thesis required for the advanced diploma in Art Therapy.

Truell, R.（2016）It is time to focus on the rights at the heart of social work. The Guardian.
［online］Available at: https://www.theguardian.com/social-care-network/2016/dec/09/
it-is-time-to-focus-on-the-human-rights-at-the-heart-of-social-work［Accessed 21 Feb.
2019］.

木村真理子（2020）「グローバリゼーションと国際ソーシャルワーク：専門職養成の新たな
挑戦課題とニーズ」岡伸一・原島博編『新 世界の社会福祉12 国際社会福祉』旬報社、
322〜339頁。

シミッチ、L.＆バイザー、M.（2017）「カナダの移住者と難民のメンタルヘルス：教訓と今
後の見通し」ブグラ＆グプタ編『移住者と難民のメンタルヘルス』明石書店、505〜525
頁。

第9章

社会を変える
個別支援で終わらせないために

木下大生

はじめに

　日本における難民・移民問題はあまり知られていないのではないだろうか。それもそのはずで、他の先進諸国と比較するとその受け入れ人数や率はとても低い。そのため、多くの人にとって、難民・移民問題は遠い国の話であり、実感に乏しいと考えられる。

　しかし、他の章でも見てきたように、日本には多くの難民申請者や難民申請後、待機している滞日外国人が存在する。これはここ数年の間に始まったことではなく、歴史は古い。にもかかわらず、難民認定率の低さや滞日外国人の生活のしづらさは改善されておらず、難民・移民問題に対する日本社会の意識に大きな変化は見られていない。

　とはいえ、この間に滞日外国人を支援する団体が立ち上がったり、メディアが取り上げたことでボランティア人員が増えるなど、難民や生活に課題を抱えた滞日外国人への個別的な支援は広がってきている。しかし、日本における難民や滞日外国人の状況に大きな変化が生じていないのは、課題の根源である社会構造が変わらずに存在しているからだ。この状況を変えるためには、生活課題を抱える一人ひとりに対する適切で丁寧な支援が求められるほかに、その課題の根源を変えなければ、いつまでたってもこの状況は改善しない。このように、社会の課題の根源を緩和・解決することを目的としたソーシャルワという活動がある。また社会を変えようとするうえで、ソーシャルワークの方法論の1つとしてソーシャルアクションがある。

　本章では、ソーシャルワークがどのように社会の課題の根源に働きかけたり、生活課題の根源を取り除こうとしてきたか、またその方法論の1つであるソーシャルアクションについて紹介し、今後、日本における難民・移民の根源的な課題の緩和・解決のヒントとなることを目的とする。

1. ソーシャルワークとは

(1) ソーシャルワークって何？：個人と社会の交互作用

　社会が個人に影響を及ぼすこともあれば、個人が社会に影響を及ぼすこともある。そして、人の生活課題はその個人と社会環境との相互作用から生み出されている。この考え方が本章の基礎となる。ここで理解してから先に進めるよう、1つの事例をみてみよう。なお、現実のケースは事例のように簡単には解決しないであろうし、そう単純ではない。人と社会はつながっているということを示す事例の1つとして読んでほしい。

■事例

　家族でブラジルから来日したＡさんがとても落ち込んでいる。Ａさんの保護者がＡさんに理由を聞くと「学校でいじめにあった」ということだった。そこで、Ａさんの保護者は学校の担任にその事実を伝えた。担任は話をじっくりと聴き、いじめの事実の確認、そこからいじめをしていた生徒を特定し、そのようなことが今後起きないように生徒に働きかけた。また、いじめを知っていたが特に気に留めず傍観していた周りのクラスメイト全員に対して、いじめがいかに人を傷つけるか、なぜ人を攻撃したり排除してはいけないか、ということを根気強く説いた。さらにクラスメイトたちに、なぜいじめがいけないことであるのかを自ら考えさせる機会を幾度も設けた。それにより、いじめがいかに卑劣で人を傷つけるか、またいつ自分がいじめの対象になるかわからないこと、したがって、いじめを行うこと、また傍観することはよくないということの理解が、徐々にクラスの全員に浸透し出した。しばらくして、Ａさんに対するいじめはなくなり、Ａさんは以前の明るさを取り戻して、元気なＡさんに戻り元気に学校に通うようになった。

　担任はいじめを大きな問題と捉え、学校全体でいじめがないかのアンケートをとった。その結果、いくつかのいじめが明るみに出てきた。他のいじめの問題も、各担任等が働きかけることによって解消し、その学校ではいじめの問題がなくなった。

事例を読んで、どのようなことを考えただろうか。Aさんがいじめに遭った
ことは、Aさんから生じたものでありAさんの自己責任である、と捉えただろ
うか。

　人と社会はつながっている、という視点から事例を捉えてみたい。まず今回
は学校という場でいじめが起きているが、ここでは学校を社会と捉える。そし
てこのなかに登場するAさんは、学校のなかでいじめにあったことで落ち込ん
でいる。別の言い方をすると、Aさんが落ち込む原因となっているのは、Aさ
んが身を置く学校で起こったことである。これが、Aさんを取り囲む環境がA
さん、つまり個人に影響を与えるということである。

　一方で、先生はいじめをした生徒たちに働きかけ、さらに学校全体にアン
ケートを取るなどして、学校からいじめを消滅させた。これは、個人がAさん
を取り巻く環境に働きかけて影響を与えたということである。この「影響を与
えた」という表現は、言い換えると「変革をもたらした」ともいうことができ
る。

　本事例から特に次の2点を強調しておきたい。1つは、Aさんが落ち込んで
いることを、Aさんの性格や考え方のみに原因を求めていない点である。つま
り、Aさんに生じている課題をAさんが身を置く環境から見出そうとしている
ことである。もう1つは、その環境を変えることにより個人に生じる課題が解
消されている点である。このような事例は社会にあふれている。

　このように、「人と社会はつながっている」という考えを本章の出発点とし
たい。もし、「個人の生活課題は、すべて個人の考え方や振る舞いに起因して
いる」との考え方に立つと、「個人の生活課題はすべて自己責任である」とい
うことになってしまう。もちろん、個人の考え方や行動に着目し、そこから課
題の原因を見出そうとするアプローチもときには重要である。

　しかし、「個人の考え方や振る舞いのみが生活課題を引き起こしているので
はなく、社会のあり方自体が人々のそれを引き起こしている」という見方こそ
が、ソーシャルワークの視点である。そういった視点をもち、そのあり方を変
えようとすることを、ここでは「社会を変える」ということにしたい。

(2) ソーシャルアクションと「社会を変える」ということ

　次に、ソーシャルワークが社会を変える方法の1つとして用いる「ソーシャルアクション」とは何かを紹介しよう。以下はソーシャルアクションの定義である。

　　　　「社会的に弱い立場にある人の権利擁護を主体にその必要に対する社会資源の創出、社会参加の促進、社会環境の改善、政策形成等、ソーシャルワーク過程の重要な援助及び支援方法の一つである」（現代社会福祉辞典）[1]

　この説明では、「社会的に弱い立場のある人の権利擁護」がソーシャルアクションの目的とされており、その手段として社会資源の創出などが示されている。

　本章のテーマ「社会を変える」ことの第一の目的は、ここに示された「社会的に弱い立場にある人の権利擁護」なのだ。

　ところで、最近よく耳にするようになった「社会を変える」という言葉は、どのようなきっかけでよく使われるようになったのか。また、具体的に何を変えることを指すのだろうか。少し調べてみると、2011年以降にこれに関する出版が顕著に増加している傾向があるようだ。これは、東日本大震災や、安保法制の国会決議、貧困の蔓延、所得格差の拡大、女性に対する差別的な言動など、日本社会にとって大きな出来事が立て続けに起こったからだと言えよう。このように、われわれの社会にとって人権を脅かすような大きな出来事があると、その危機にさらされている当事者やその周辺の人々、社会課題解決を目指して活動している団体や議員なども、その状況の回避や改善のために何かしら行動を起こす。これまでもさまざまな社会課題が多くの人々が動いたことによって改善されてきた歴史がある。滞日外国人への差別的言動に向けた「ヘイトスピーチ解消法（2016年）の成立はその例の1つであろう。

　このように社会を変えるとは何を変えることであるか、結論を先取りして伝

えると、以下の5点に整理できる。①政治、②法律、③状況・状態、④社会規範・慣習、⑤人々の意識、である（木下 2019）[2]。以下でそれぞれ詳しく検討してみよう。

①政治を変える

　政治を変えることは、とても大きな話なので「変わった」と実感することは少ないかもしれない。ただし、これこそ社会を変える1つの大きな要素である。政治を変える＝政権が変わることであり、そうなれば実際に政策が変わる。つまり、政府による資源（税金などの）再分配に変更がもたらされる。一般的な民主主義国家である場合、企業の経営者や富裕層を支持基盤とし、それらの人々を代表する右派政党と、労働組合を基盤とする左派政党とがある。この右派政党は経済政策を優先する政策をとり、左派政党は生活保障に力を入れる政策を採る（山口 2012）[3]。

　日本の歴史を振り返ってみると2009年に自民党から民主党に政権が交代した。経済の回復に重点を置き、公的事業の縮小、緊縮財政よる社会保障費の削減、また競争原理と効率を優先した政策展開を行っていたのが自民党であった。しかし、企業や富裕層が優遇されている、という社会の評価と経済格差が広がっているという現実があった。そのような状況であったため、対極的な公的事業の拡大、また「いのちを守る政治」「社会的包摂」「出番と居場所のある社会」の理念とした民主党政権が2009年9月に発足した。民主党政権は先にも記したように、生活保障に重点を置き、「高等学校無償化」「高速道路の無償化」「障害者が求める内容に障害者制度を改正」など次々と改革を行った。ただ、その後、予算編成のやり直しや態勢が不十分なままの外交・安全保障政策により国民の支持が低下し始め、民主党内での政策に対する意見の不一致、また東日本大震災への対応などに対して国民の支持を大幅に減らした。その結果、2012年の衆議院総選挙によって、経済成長と競争原理に力点を置いた自民党が再度政権についた。

　ここでは、自民党と民主党の政権交代によって、もたらされた社会の変化に

は深くは立ち入らないが、政権が変わると社会の仕組みが大きく変わること、またその変化をもたらすことができるのは選挙での国民の投票であることを実感した出来事であった。

②法律をつくる・変える

　社会を変えることにつながる1つの要素として次にあげられるのが、新たに法律をつくったり、現行の法律を変えたりすることである。これによって社会が変わることがある。これには、全国に施行される法律はもとより、地方公共団体（自治体）が国の法律とは別に定める条例も含まれる。法律をつくったり変えたりすることは、一般の市民からすると縁遠く、政治家が先導して行っているものだという認識があるかもしれない。もちろん、立法案は最終的には国会や自治体の議会にあがり、議員の賛成多数によって可決されるものであるが、それはあくまでも最後の仕上げの部分である。そこまでたどり着くまでのプロセスは、一市民が声を上げたり、議員に働きかけたりすることで形になってきたものが多くある。

　ここで、障害当事者から発した怒りの声が法律を変えた例を共有しておきたい。障害者は元来、日本国憲法の生存権保障により、生活保障を国が義務として行うことになっている。ところが、1998年から開始された一連の社会福祉基礎構造改革から派生して、障害者福祉も大きく変更された。詳細には立ち入らないが、2006年4月より施行された「障害者自立支援法」から、これまで収入に応じて支払額が決定される応能負担であった障害者福祉の支援サービスが、利用したサービスの一割の定額負担の応益負担になった。一般的には障害が重いほどより多くサービスを使うことになるが、応益負担であるとより支出が多くなることを意味していた。

　これに対して、一部の障害当事者が「障害者自立支援法」は国の生存権保障の義務に反した違憲の法律である」として国を提訴した。結果的に国が原告団と和解し、この主張を認め、「障害者自立支援法」は「障害者総合支援法」に改正された。これによって、応益負担から、元の応能負担に再変更された[4]。

障害当事者たちの声が法律を変えたのである。

　このように、国民が声をあげつくられてきた法律や条令は数多くある。新しいルールづくりは社会を変えることにつながっている。

③状況・状態を変える

　法律や条例に頼らず、変えられる、あるいは立法までの手続きを踏む時間をとることが難しく、早急に今ある課題を改善したい状況が生じる場合がある。特に、人々の生活環境において生じる事態を想定している。例えば、公害による近隣の川の汚染や路上のごみの問題、ある特定の民族に対して行われるヘイトスピーチやヘイトデモなどがあげられる。このような事例を減少させたり、なくしたりしたい場合の働きかけについて、ここでは「状況・状態を変える」と呼ぶことにしたい。

　1つ例をあげてみよう。政策秘書給与を詐取し逮捕された元衆議院議員の山本譲司氏は、知的障害者が多く収監されている刑務所の状況に疑問を感じ、出所後に『獄窓記』を上梓して、社会にその状況を伝えた。その本が契機となり、なぜ高齢者や障害者が多く刑務所に収監されているのか、ということが一部の研究チームに取り上げられ調査が行われた。その結果、刑務所に収監されている知的障害者の多くは収監前に福祉制度を利用できておらず、生活苦から犯罪に至っていた、という事実や出所後に福祉の制度につながるような仕組みが存在しておらず、再度、生活苦に陥り、再犯に至ってしまう状況が明らかになった。その状況が多くの研究者や現場の支援者に伝わり、人々が問題を共有するようになっていった。同時に、国もこの状況を重く受け止めるようになった。そして、司法の担当省庁の法務省と福祉の担当省庁である厚生労働省が連携し、被疑者・被告人に問われた知的障害者が福祉の支援につながるよう、刑務所に福祉の専門家を入れたり、刑務所出所後に福祉の制度につながる支援をする「地域生活定着支援センター」が各都道府県に1か所設置されるなど、大きな動きにつながった。

　外国人支援に関するものとしては、外国人児童の不就学問題がとりあげられ、

文部科学省による実態調査や学習支援の拡充が行われてきた。こうした動きは、社会のなかで声が届きにくい外国人支援ではとても大きい。

④規範・慣習を変える

　法律や条例になっていなかったとしても、古くから社会に固定化されているものとして社会規範・慣習があげられる。規範や慣習は、先人がより生活をしやすくするために生み出し継承されてきたものもある。一方で、規範や慣習が一部の人々の生活のしにくさ、課題を生み出していることも少なくない。加えて、われわれはややもすると、そのような規範や慣習に縛られて、そこから外れる人々を攻撃したり排除したりすることもある。あるいは、何かしらの規範や慣習が自身の生活を締めつけていたとしても、周囲の視線が気になり、その規範や慣習に従ってしまうこともあるだろう。

　例えば、これまで、特定の業種で働く女性などに「仕事上はヒールのある靴を履く」という慣習があった。しかし、これには、女性のみ履くべき靴が決められているという性差別と、健康上の2つの問題からヒールがある靴が強要されるべきでないとして、#KuToo運動が展開された。2019年1月にTwitterにおいて始められたこの運動は、さまざま人の共感を呼び、署名運動が行われ、その結果、厚生労働大臣に提出された。現在もこの運動に対する賛否はあるが、例えば日本航空がこれまで客室乗務員の靴に設けていたヒールの高さの規定を見直すなど、少しずつ社会に浸透してきている[5]。

　では、外国人の例ではどのようなものが思い浮かぶだろうか。わかりやすい例としてあげられるのが、宗教上の戒律からくる文化の違いがある。例えばイスラム教では1日5回礼拝をすることが義務づけられていたり、また豚を食すことを禁止されているため、豚を使用しないハラルフードと呼ばれる食事が生活に根づいている。しかし、日本ではイスラム教徒ではないかぎり、1日に5回礼拝をしたりしないため、そのための部屋が必要ではない。また、日頃、豚肉を好んで食さなかったり、アレルギーがないかぎり、食事をする際に豚肉が使用されている料理であるか否かを気にしたりすることもほとんどないのでは

なかろうか。つまり、日本ではイスラム教の戒律が根底にある生活が理解されにくく、受け入れられにくい。

　このような場合、「日本の慣習ではないから」という理由で他国の慣習を排除していては、いつまでも外国人が住みやすい環境にはならない。外国人の生活状況を改善するためには、日本の慣習や文化を守りつつも、他の文化を排除するのではなく、日本の慣習に他文化の慣習を取り入れていく、組み込んでいくといった視点、行動が必要になる。筆者の身近な例をあげると、勤務する大学ではイスラム教を信仰する学生のために、最近礼拝室を設けた。次は、学食にハラルフードを用意することが目標となろう。小さな一歩ではあるが、日本にはない慣習を日本の日常に組み入れていくことが、つまりは規範や慣習を変えるということである。

⑤人々の意識を変える

　最後は人々の意識の変化によって社会が変わることがある。これまでに述べた「政治」「法律・条令」「状況・状態」「規範・慣習」のすべてに通底している項目であると考える。言い換えると、先にあげた4つは、すべて人々の意識から成り立つ。鶏が先か卵が先か、という議論に陥ってしまうが、「政治」も「法律・条令」「状況・状態」「規範・慣習」はすべて人々の意識によって紡ぎあげられるし、紡ぎあげられたことによってまた人々の意識に働きかけていくものである。

　法律や条令ができたとしても、そこに人々の意識が伴わなければ社会は変わらない。例えば、公の文書を偽造したり虚偽の内容を含めてはならないとする法律、「虚偽公文書作成（変造）罪」があるが、近年、政府が文書を偽造したり虚偽報告をしたりしたことが明らかになってきている。他にも、区域によって喫煙が禁止される条令がさまざまな自治体で成立しているが、喫煙が禁止されている区域にもかかわらず、たばこの吸い殻が多く落ちていたりする。たとえ法律や条例があっても、人々の意識が変わらなければ同じであるという例の1つだ。

逆に、慣習や状況が変化することで、目に見える変化が生じる場合があるが、人々の意識が変わっているからこそ目に見える変化が生じるといえる。そのように考えると、われわれが社会を変えようとした場合は、人々の意識に働きかけていくことが一番有効であるのではないかと考えられる。

　最近はオリンピック・パラリンピック開催の準備が進むなかで、「外国人が日本で困らないような街づくり」への意識も高まり、外国人への心の壁も前に比べて改善されている。こうした意識の変化は、態度の変化に表れ、そして社会の変化にもつながるのではないだろうか。

　以上、「社会を変える」ということは、少なくともこの4点のどれか、または複数の組み合わせ、あるいは全部が変わることである（表9-1）。実際には簡単なことではないが、もし社会を変えようとするのであれば、まずこれらの要素に着目してみて、何を変える必要があるのかを整理するのが良いと考えられる。

表9-1　社会を変える要素

①政治	②法律・条令	③状況・状態	④規範・慣習
⑤意識			

出典：筆者作成

2. 社会を変えること始め：ソーシャルアクションをやってみる

（1）ソーシャルアクションの準備

　さて、ここまで「社会を変える」ことの意味について、また具体的に何を変えることが社会を変えることにつながるのか、について整理してきた。さまざまな例を共有してきたが、すべてに共通することは、「社会的に弱い立場にある人の権利擁護」のための行動という点である。その点を外国人支援にもあてはめて考えてみてほしい。

では、社会を変える実際の行動であるソーシャルアクションは、どのように行えばよいのであろうか。ここではアクションを起こすための3つの手順、「問題意識の明確化」「仲間をつくる」「理解者を増やす」について説明したい。

①問題意識の明確化：何を変えたいのか、ターゲットは何／誰か

　広く外国人をめぐる課題のなかで、社会的に解決したい課題がすでに明確になっている場合、この「問題意識の明確化」は必要ないが、「何となく感じているがもやもやとしている」「もっている問題意識が明確であったが、説明しようとしたらうまく説明できなかった」という人も少なくないのではないだろうか。実は、漠とした社会に対し、何らかの問題意識をもつ経験があっても、それを人に説明できるように考えを明確化するまでしている／できる人は多くいない。さらに、問題意識を明確化できていたとしても、何がどのように変わる必要があるのか、どうしたら変わるのか、というさらなる具体化はより難題となる。

　例えば、「外国人が日本で生活に困っている」という漠とした問題意識をもつことはとても重要である。しかし、外国人といっても、難民認定された直後の人、難民申請中の人、来日して間もない人、長期間日本に滞在している人など、さまざまな状況の人がいる。またこの問題意識だけでは、何かを変えようとしていたとしても、具体的に何をどのように変えようとしているのかが不明瞭である。

　したがって第一段階として、問題意識、具体的に何をどのように変えたいのか、対象は誰か、の3点を明確にする必要がある。この作業を行った際、自身のもつ問題意識や変えたいこと、支援したい対象者が広すぎることに気づくこともあるだろう。その場合は、問題意識、変えたいこと、対象者を絞り込んでみることが求められる。

②仲間をつくる・つながる：同じ問題意識をもつ人とつながる

　次に、社会を変えるには1人ではできない。歴史に学ぶと、問題提起の発端

は1人であったとしても、社会が変わる局面にまで達することができたアクションは、多くの人々の賛同や理解を得て、そのアクションに巻き込み世論を動かしている。

　では、どのような人々に賛同・理解を得ていくのがよいのか。これについては、2つのステップを踏むのが正攻法であると考える。1つは「仲間をつくる・つながる」こと。1つは「理解者を増やす」ことである。同じように感じるかもしれないが少し違いがある。「ここでは仲間をつくる・つながる」について説明する。

　「仲間をつくる・つながる」ことは、同じ問題意識をもつ人々とつながることである。同じ問題意識をもつ人のなかにもさまざまな人がいる。外国人支援で考えるなら、問題の渦中にいる外国人やその家族などの当事者、当事者の知り合いでその問題を発信したり解決に尽力をしている人、当事者ではなかったとしても権利を阻害されるような経験があり、自身の外国人支援の関係者や同胞のネットワークなど、体験をその問題に引き付けて共感している人、例えば自身も海外でくらした経験から、それを外国人支援に生かしたいと考えている人など、さまざまである。ともあれ、ここでいう仲間とは、同じ社会的課題に対して解決が必要と考えている人々である。

　そのような仲間とつながることは、一昔前までは容易ではなかったかもしれない。しかし、現在はソーシャルネットワークサービス（以下、SNS）がある。先にあげた#KuTooといった例からもわかるように、何かに問題意識をもつ1人が、SNSで声を上げ、仲間をつくり、つながり社会を変えてきた例は少なくない。

③理解者を増やす・つながる：問題意識を共有してくれる人とつながる

　では、理解者を増やすとはどういうことか。これは、これまで問題意識をもっていなかった人々に問題を知ってもらい、その緩和・解決の必要性について共感してもらうことである。この活動は、当事者の掘り起こしというよりも、問題と直接関係や関わりがない第三者が対象となる。これは言うまでもなく、

「世論形成」のためである。

　できるだけ多くの人々に、問題を理解してもらい、共感を得ることは非常に重要であるが、それと同時に、より多くの人々に問題が届くよう代弁や発信をしてくれる著名人や業界に協力を得ることも1つ大きなポイントとなろう。職種や業界の例をあげると、弁護士、ソーシャルワーカーやマスコミである。弁護士は憲法や法律の観点からの権利擁護、ソーシャルワーカーは具体的な生活課題整理と発信、マスコミは問題の拡散力が非常に強い。

　また、市民に伝えていく草の根の活動としては、やはりSNSを活用することが重要であると考える。あるいは、社会のなかで外国人が直面してる問題を共有することを目的とした市民向けの勉強会や講演会の開催なども有効であろう。ともあれ、仲間をつくり、その後にいかに理解者を増やしていくことができるかによって、自身が緩和・解決したい問題の行く末に大きく影響するであろう。

　ここで、『社会を変えるには』のなかで小熊（2013）[6]が「参考になる」としてあげている、イノベーター理論を紹介しておきたい。消費者のうち革新者（イノベーター）は2.5％くらいで、次に動く初期採用者が13.5％、社会全体のトレンドになってから早めに動く前期追随者が34％、遅めに動く後期追随者が34％、最後まで乗ってこない遅滞者が16％とされているという。そして、社会全体にトレンドが広まる動きとなるためには、前期追随者に広がるかどうかにかかっている。とすると、関心はあるが知識がない、知識はあるが行動を起こすのをためらう、といった層に働きかけることが効果的で、結果的には全体を変えていくことにつながる、と小熊は指摘している。この理論を外国人支援におけるソーシャルアクションに援用すると、異文化で生活することでの大変さや社会的に不利になりやすい外国人の問題や支援に対して問題意識をもつ「仲間」を集めたのち、「理解者」をいかに増やすかがポイントになってくる。

（2）ソーシャルアクションを始める：行動を起こすための具体的方法

　では、実際にソーシャルアクションを起こすにはどのような方法があるので

あろうか。これについては、制度政策に関わっている政治家に対して働きかけるロビーイングや請願、また市民の声を集めて国や自治体にその声を届ける署名活動といった伝統的な方法から、近年、ポピュラーとなったSNSでの発信、またソーシャルアクションとはあまり捉えられていなかった勉強会・講演会などの開催や映像をつくるといったこともあげられる。外国人をめぐる課題のなかでどのような課題なのか、子どものことなのか、労働問題なのか、によって、どの方法を使えば効果的であるかに違いがあるだろうし、色々な方法を組み合わせることでより効果が高まることを期待できたりもする。要するに、社会を変えるためのこれ、といった正攻法はなく、その時々の情勢をみながら、方法を選択し実行し、また必要に応じて方法を変更しながら継続していくしかない。ただし、ソーシャルアクションの方法を整理しておくことで、アクションを起こそうとする人々の方法の選択の一助にはなるのではないかと考えるため、以下に紹介をしておきたい。

　ここで具体的な整理をする前に、ソーシャルアクションには、「課題を知ってもらうための間接的行動」と「課題の緩和・解決のための直接的行動」とに分類しておきたい。

①課題を知ってもらうための間接的行動

　先にも見てきたように、外国人をめぐる課題に取り組む際には、同じ問題意識をもった仲間とつながること、またこれまで課題を意識していなかった理解者を増やすことが重要であることを示したが、その方法として、ここでは「SNSで発信する」「勉強会・研修会・講演会の開催する」「論文や書籍を書く・新聞に投稿する」「映像をつくる」の4点をあげておきたい。

「SNSで発信する」

　社会課題を世の中に知ってもらうために非常に有効な手段といえる。これまで特に、TwitterやFacebookといったコンテンツから、多くの社会問題が発信されてきて、理解者を増やし社会課題が共有され、大きなムーヴメントになる

例が多く出てきている。外国人技能実習生の劣悪な労働状況の問題はその一例だろう。

　SNSが有効なのは、発信・拡散したい情報が、全く知らない人々にも届く可能性が高まる点にある。また、1人の声が大きな反響になることもあり、集会をしたり、会議を重ねたりする必要性はさほどない。つまり手軽にアクションを起こせる、という意味ではとても利用しやすい。

「勉強会・研修会・講演会を開催する」

　勉強会や研修会、講演会は開催するまでの労力がかかるが、メリットとしては、お互いの顔を見ながら情報を共有することで、仲間意識が高まること、またSNSの発信よりも具体的な情報を多く届けることができるので、会合の参加者の理解がより深まりやすいことがあげられる。また、企画や主催は共有したい課題の発信者を中心に行うことになると考えられるが、課題の内容を伝えるのは必ずしも企画者や主催者が行わなくてもよい。つまり、共有したい課題について詳しい専門家、例えば外国人支援に携わる機関の職員、通訳、ソーシャルワーカー、行政書士、そして当事者として外国人の方々などを招聘し、話してもらえばよい。あくまでも目的は、外国人をめぐる課題をより多くの人に理解してもらうことであるため、その目的を達成するための手段はさまざま用いるという柔軟性が求められる。

「論文や書籍を書く・新聞に投稿する」

　これは、研究者やジャーナリストなどの職業に就いていない人には少しハードルが高く感じるかもしれない。ただ、最近は在野研究者や大学院を修了して社会で活動している人が増えてきていることもあり、前記の職業以外の人々も論文や書籍を出版する人や機会が増えてきている。また、新聞は必ず「読者の声」のような投稿欄を設けており、そこであれば気軽に自身が発信したいことを投稿できる。

　SNSで発信できるのに、労力もかかるうえに手続きが煩雑である論文誌へ

の掲載に、どういったメリットがあるのだろうか。少なくとも4つ考えられる。1つは、より多くの情報と専門的な内容を伝えらえられること。1つはそのときの状況を歴史的に保存できること。1つは、より信頼性が高い情報として受け止められること、最後は、SNS等、他の媒体から情報を得ることを主としている層とは違う層に働きかけられること、である。また、論文、書籍、新聞といった媒体を利用したいと考えた際、発信をしたいと考えた人が必ずしも執筆する必要はないであろう。つまり、それに長けた仲間や理解者を得て、それを専門にしていたり、長けている人に執筆を依頼すればよいと考える。それを実現するためにも、幅広い層の仲間・理解者が必要となる。

「映像をつくる」

　これまでソーシャルアクションが語られる際、映像をつくって配信することは含まれていなかった。実は筆者もこれまでソーシャルアクションについてさまざまな媒体に情報を提供する際に、映像を含めていなかった。しかし、滞日外国人の現状を伝えるショートムービーを見る機会があってから、ソーシャルアクションの1つに映像をつくることを含めることにした。映像をつくることもやはり誰でも手軽にできるものではないが、緩和・解決したい社会的課題を短時間で多くの人に、理解しやすく伝えらえる手段として優れている。実現は容易ではないが、つくることができるのであれば、先に確認した小熊のいう「前期追随者」に情報が届く最良の方法であるように考える。個人的な話になるが、映像制作については、筆者もまだ実現できたことはないが、今後は論文・書籍・新聞等への執筆と並行して取り組んでみたいことの1つである。

　以下に、滞日外国人の現状と課題が短時間でわかる映像を紹介しておきたい。これは、クルド人難民を扱った内容である。課題を短時間で多くの人に伝えるのに、映像がいかに効果的であるかを実感するであろう。

「TOKYO KURDS ／東京クルド」（2017年）
https://youtu.be/vri2fgI6yCs

②課題の緩和・解決のための直接的行動

　次は、滞日外国人に関する課題の緩和・解決のための直接的行動についてみていく。先の「①政治、②法律・条令、③状況・状態、④規範・慣習、⑤意識」の整理に当てはめて検討したい。

　「政治」への直接的行動は、自身が選挙に出馬する、ということもあるが、ここでは踏み込まない。それ以外にわれわれができることは、選挙の際の投票行動である。先の例で見た、政権が自民党から民主党へ、そしてまた自民党へ移ったのは国民の選挙行動の結果に他ならない。政治から社会を変えようとした場合は、選挙に参加し投票することである。

　「法律・条令」をつくることに対する行動は、議員に働きかけることが伝統的に行われている。これを一般的にロビー活動と呼ぶ。知り合いの議員で外国人の問題や権利擁護について関心をもち活動している人がいれば、直接面会の申し入れをすればよいし、知り合いがいなければ伝手を使えばよい。それも難しければ、こちらの課題と同じ意識をもつと考えられる議員やその秘書に直接電話やメールをして要件を伝えてみることも有効である。またロビー活動は私的な活動だ。そこで議員や議員秘書とつながりがもてれば公的な手続きである「請願」ができる。これは国政に対する要望を直接国会に述べることのできるものであり、憲法第16条で保障されている権利である。国籍・年齢の制限はなく、日本国内に在住の外国人や未成年も請願することができる[7]。ただ、請願の手続きは議員を通して提出しなければならないため、手続きをとるためにはやはり議員ないし議員秘書とコネクションをつくる必要がある。また状況・状態や規範・慣習を変えようとする場合は、その状況や規範をつくり出している、あるいは固持している集団に働きかけることが求められる。

　最後に、間接的行動と直接的行動の両方の要素をもつのが署名活動である。昔ながらのソーシャルアクションとして現在も活用されているが、最近では、この署名活動もSNSで可能となった。Change.orgなどを利用して、オンラインでの署名で人々の声を集めて政府に届けることも有効である。近年では、このChange.orgの署名活動が1つの契機になり、2017年6月、性犯罪に関する

改正刑法が国会で可決・成立し、実に110年ぶりの改正を果たした例がある。

3. 求められるソーシャルアクション：専門家と非専門家の役割と協働

（1）問題意識の共有と社会への発信

　さて、ここまで「社会を変える」とはどのようなことであるか、またそのための視点・方法、について整理し解説してきた。この内容を参考に、滞日外国人の生活課題にどのようなものがあるのか、またどのようになれば緩和・解決したといえるのかについて、思いをめぐらせてみていただきたい。この際に重要なのは、まずは自身の問題意識を明確にすること、また正確な情報を得る、ということである。というのは、偏った情報のみしかもっていない、自身の偏見や思い込みのせいで、正確な情報や状況を把握できないことが少なくないためである。

　またここまで、「社会を変える」ことを中心にその方法としてさまざまな例をあげてきたが、どれも少しハードルが高く感じたかもしれない。ただ、一点強調しておきたいことは、先にも述べたように、まず関心を寄せる社会課題をよりよく知ろうとする探求心と、実際に調べ、詳しく正しい情報を得ることこそが社会を変えるための第一歩だということである。そして、それを他者と共有するために勉強会を開催する、SNSで発信するといった行動が、小さな一歩となってソーシャルアクションにつながっていく。外国人に関する課題について、個人の関心からより深く知ること、他者と共有すること、その積み重ねがこれまで社会を大きく変えてきた。ぜひ自身の問題意識や学びが社会を変えることにつながっていることを認識し、ソーシャルアクションを意識していれば必然的に行動が伴ってくるように考える。

（2）他者につなぐ：できる人につなぐ・全部自分でやる必要はない

　ここまで外国人をめぐる社会の状況を変えるための行動、ソーシャルアクシ

ョンがさまざまな切り口、方法があることをみてきたが、最後に伝えたいこと
は、発信者が社会を変えるためのすべてのプロセスを担う必要はない、という
ことである。つまり、できる人が、できることを、できる範囲でやればよいの
である。例えば、前述した「映像をつくる」といったことはその道の専門家で
はないと難しいが、実現可能な人とつながって、一緒につくっていけばよい。
これも何度も繰り返しになるが、仲間・理解者を増やしていくことがソーシャ
ルアクションの幅を広げていく。「外国人が多くの苦労や不利を経験するよう
な社会を変えよう」という自身の意気込みや知識を他の人と役割分担と考え、
気軽に取り組んでいくことが望まれる。ただ、そのときに必要なことは、自分
自身が社会とつながっている、という人と環境との相互作用の視点と意識では
ないだろうか。

●注 --
1）秋元美世・大島巌・芝野松次郎ほか編（2003）『現代社会福祉辞典』有斐閣、299頁。
2）木下大生（2019）「ちょっと長めのおわりに――『社会を変える』ことについての試論的
　総論」木下大生・鴻巣麻里香編著『ソーシャルアクション！ あなたが社会を変えよ
　う！』ミネルヴァ書房。
3）山口二郎（2012）『政権交代とは何だったのか』岩波書店。
4）裁判前から、裁判の経過、またその顛末までは、障害者自立支援法違憲訴訟弁護団編
　（2011）『障害者自立支援法違憲訴訟：立ち上がった当事者たち』生活書院、に詳しい。
5）https://www.msn.com/ja-jp/money/news/jalがパンプス・ヒール規定を撤廃。「CAや
　グランドスタッフの安全と健康守る」/ar-BB11BelH（2020年3月29日最終閲覧）。
6）小熊英二（2013）『社会を変えるには』講談社現代新書、453～454頁。
7）衆議院ホームページ　http://www.shugiin.go.jp/internet/itdb_annai.nsf/html/statics/
　tetuzuki/seigan.htm（2020年4月6日最終閲覧）。

改めて外国人支援を考える
私たちができること

南野奈津子

本章では、全体を通して提起されたこと、紹介されたことを振り返ったうえで、「私たちができること」について改めて考えてみたい。

1. 多様で複層的な外国人の不利

　ほぼすべての章で指摘されたのが、外国人であるということで、言葉や文化、生活上の知識がない、ということだけではなく、そのことに付随する不利が生活上の課題を抱えたときに、幾重にもなって分厚い壁になる、ということである。その状況を生みやすくするものの1つが、在留資格だ。在留資格は、もともとは日本に滞在する外国人の在留中の基本的な立場を規定する、というシステムである。しかし、ときに外国人が生活していくうえで、立場の弱さを強めたり、生き延びるための行動を制限したりするような作用をともなう実情が複数の章で示された。

　例えば、第6章では、DVは、外国人であることでうまくできないこと、例えば日本語や日本料理、文化や制度がわからない、といったことを理由とする暴言や暴力だけに留まらず、女性や子どもが在留資格を更新しなければならない立場であることに付け込み、在留資格の更新に家族として関与する（書類にサインする）立場を利用して、女性への暴力を継続したり、逃げることを難しくさせたりする、という状況があった。

　最近では、2020年春のコロナウイルス感染防止に関連する、企業や施設などの活動の自粛や休止は、多くの外国人労働者や技能実習生の雇止めや、就業時間の大幅な短縮を生んでいる。日本人であれば、転職や転居をすること自体に対する法的な制約はない。しかし、外国人の場合は在留資格以外の活動ができない。そのために、その職種のみで転職先を探すという状況に置かれる。しかし、同じ職種は似たような状況でもあるので、生活が困窮し、行き場を失う。政府は、こうした外国人に対し、別の在留資格に規定された職種に移行できるようにしていく方針を打ち出した。それでも、実際にはその手続きは各自に委ねられており、在留資格以外の職種にすぐに移行するのは簡単ではない。

生きていれば引っ越しをすることはあるし、病気になったり、転職したり、ときには離婚も含むような家族の問題を経験したりすることある。しかし、序章や第1章でも触れたように、外国人の場合は在留資格上の規定があるために、同じ結婚や離婚でも手続きが多く、複雑になる。こうした問題を相談できるのは、外国人の支援に詳しい人になるが、そうした人が各地域に多くいるわけではない。また、第7章でも触れたように、難民申請の再申請者は公的支援の対象外で、就労資格もないため、生活手段が奪われた状態に陥る。よほどその個人が知識やネットワーク、資産をもっていなければそのような状況を生き抜くのは難しい。

　こうした、生活を営む力が弱くならざるを得ない立場と、在留資格に関わる規定が交錯することで、医療、教育、労働など、人の生活基盤に関わる領域で問題を抱えることになることが、複数の章で紹介された。

　また、日本社会での言葉の壁の解消に対する取り組み、そして医療や労働上での健康問題やトラブルに対する支援制度が、当事者の困難を解決するものとして機能していない状況も指摘された。

　その例の1つは、外国人の子どもの教育問題だった。外国人の子どもが、日本語がわからないために日本の学校での授業についていけなかったり、同調を求める学校の文化のなかで自身のルーツを肯定できなかったりする。一方では、外国人学校が認可を受けていないために補助に乏しく、高い学費がかかったり、設備や教育内容が十分とは言えない学びの環境だったりする。そうしたなかで子どもは不就学になるなど、日本の学校に通う、または外国人学校に通う際に、「自分たちが望んだ形」としてきちんと検討することができたうえで学校を選択したというよりは、いずれかの学校を選ばざるを得なくなっている。制度的には排除していないけれど、実際には排除しているも同じ、という状況なのである。子どもの教育の不利は、その後の人生に長きにわたり、影響を与える。その意味でも、外国人の子どもが不利を経験する環境は大きな課題だろう。児童が健やかに生きる権利の保障、は本来国籍を問わないはずである。

　第2章の医療現場からの報告は、「医療の現場での機会が不平等であること

は、さまざまな健康問題を生みだすとともに、地域に医療にアクセスできない人々を放置されることで、その地域の健康全体への影響が生じる」として、外国人が医療にアクセスできないことが、当事者だけの問題ではないと指摘する。外国人が地域で困ることも、そのことが地域にもたらす結果もともに「彼らだけの問題」ではなく、「私たちの問題」なのだ。しかし、そういう意識は社会で共有されているのだろうか。

　「移民や難民は、社会的コストを生み出す存在だ」というニュアンスの論を国内外のメディアで時々目にすることがある。しかし、本当にそうなのだろうか。2019年1月にWHO欧州事務所が移民・難民約1万3000人の書類を分析した結果を明らかにしている。それによれば、移民・難民は到着時には感染性疾患と非感染性疾患のいずれにおいて受入国住民よりも疾患割合が少なく、病気をもち込むリスクは低い一方で、移動時に十分な医療サービスが受けられないことから体調を崩す人がおり、また、受入国での滞在が長期化すれば、慢性病疾患や鬱病等にかかるリスクがあることが明らかになった。難民・移民のほうが糖尿病の疾患率・死亡率が高いとのデータもあり、受入国以上に難民・移民が健康リスクを背負っていると指摘している。

　外国人の生活や健康上の問題の要因は、移住者の問題というよりも、受け入れ社会での生活の質の問題が根底にあるのだ。各章が指摘してきた外国人の不利、を考える際には、「言葉の理解が困難」であるとか「日本社会の知識に乏しい」など、外国人側に属する事情に要因を求めるのではなく、「受け入れ社会側の問題」としてとらえることが重要ではないだろうか。

2. 言葉の壁をなくす、さらなる取り組みを

　各章、特に支援に携わっている執筆者の声を聞くかぎり、外国人の不利を生み出している要因は、制度の情報が十分にいきわたっていないこと、そしてそうした状況を維持している言葉の壁をなくすための仕組みとマンパワーの不足だろう。

その問題の解決に必要なことの1つは、通訳の拡充だ。第2章でも触れているように、2006年に総務省が示した多文化共生プランでは、行政サービスの多言語化が推奨され、教育・福祉・医療などの分野に外国人の支援をする通訳を置くことが提唱された。最近は、多言語パンフレットは増え、教育現場でも文部科学省が「外国人児童生徒の受入れの手引」を作成し、学習支援や通訳の配置、コーディネーターの配置などを推進してきた。ただ、医療通訳体制の構築が、増加していた外国人旅行者に目が向いてしまったこともあり、観光産業で求められる、英語や中国語の通訳の育成が中心になり、労働者での来日が多かったベトナム語、フィリピン語、インドネシア語などの話者への通訳の育成がなかなか進んでこなかった。そこには、日本の外国人労働政策が、技能実習生や労働する日本語学校生・専門学校生の受け入れの拡大など、外国人の受け入れを短期的な滞在者として位置づけていることが背景にある。そのことが、在住外国人が利用できる医療通訳を普及させる政策を手薄にしてきた、と第2章は指摘する。

　解決しなければならない他の問題は、言葉に関わる支援の格差、である。教育現場では、支援の実施や、対象者の選別が自治体や各学校に委ねられている。そのために、本当に必要な人に支援が届く仕組みになっていないことが、第3章で指摘された。小中学校段階に在籍する日本語指導が必要な児童生徒は、在籍学級以外の教室で、各児童の日本語能力に応じた指導を受けることができるようになっている。これにより、きめ細かな指導を受けることが制度上はできる。が、実際には日本語指導が必要か否かの判断は各学校（校長）が行う。このように、医療通訳への助成や子どもの日本語指導は、自治体や各機関での差がとても大きいのだ。

　外国人の相談は、労働契約、そして国際結婚など、法的な問題が絡むことが多い。そのため、複雑で、多くの日本人は普段必要としない情報を必要とする。しかし、通訳もセットで支援を受けることができている外国人は少ないだろう。日本での使用人口が少ないような稀少言語であればなおさらだ。最近は、外国人住民が多い自治体では、通訳を雇用しているところも増えている。ボランタ

リーな人々の支援に今後も頼りつつも、その方法は限界がある。国の制度としての、言葉の保障への取り組みと予算の拡充を期待したい。

3. 人としての尊厳を守る社会へ

　第2章では、「SDGsがなぜ、誰一人取り残さない社会を求めているのか」について「貧困や格差を放置することで社会にさまざまな問題を生み出し、社会そのものが持続していけなくなるという危機感に基づいている」と述べている。この危機感は、複数の章での「日本社会は、外国人を単なる労働力ではなく、人間として扱うものになっているのか」という問いかけにもつながる。1990年代、日本は労働力確保政策として多くの日系ブラジル人、ペルー人を受け入れた。しかし、その後リーマンショックの影響を受けて不況に陥った際に大量の外国人労働者の解雇や帰国促進策が行われた。そのときも、支援に携わる機関や識者から「必要になったら呼ぶが、不要になったらポイ捨てする」と批判された。

　2018年12月、政府は外国人受け入れ策の大きな転換点と言われる「外国人材の受入れ・共生のための総合的対応策」を閣議決定した。1990年代の外国人労働者の受け入れから約30年経つ。しかし、労働者をひとりの人間として扱っていない、という指摘が2020年になっても複数の章でされている。医療現場からは、技能実習生の増加とときを同じくして急速に結核患者が増えている背景に、技能実習生を使い捨ての労働者として扱い、病気になるような状況があり、そして病気になれば帰国させたりしている実情も影響があるのではないか、という指摘がある。そして、外国人を体よく不足分野の補充として使い、使えなくなったら入れ替える、という構造になりやすい制度設計は、外国人労働者の労働基本権や健康権、そして生存権を侵害する、という労働者の問題も指摘された。

　第8章では、ソーシャルワークの定義を紹介している。その定義のなかに、「社会正義、人権、集団的責任、および多様性尊重の諸原理は、ソーシャル

ワークの中核をなす」とある。出自で差別される社会をよしとしない社会。弱者が無視されない社会。人権を尊重する社会。その社会に生きるものが皆関係者であり、責任をもつ、ととらえる社会。民族、性別、宗教などの個々のありようを受け入れる社会。こうした、社会としてあるべき姿が、この定義には示されている。それを達成するのがソーシャルワークだということを、第8章での国際社会でのソーシャルワークに関わるさまざまな発信が私たちに呼びかけている。専門職も、非専門職も、ソーシャルワークの概念を、外国人の支援の文脈で考えていきたい。

4. 私たちができること

(1) 当事者として自分を位置づける

　以前、コンゴ民主共和国の産婦人科医のデニ・ムクウェゲ氏の活動を追ったドキュメンタリー番組を観た。ムクウェゲ氏は、内戦が続くコンゴで武装勢力にレイプされた女性を無償で治療している。彼は、治療にあたるなかで、紛争地域での女性や子どもへの性暴力を目の当たりにして、その問題を社会に告発し、2018年にはノーベル平和賞を受賞している。ムクウェゲ氏は、「コンゴで産出される天然資源をめぐり近隣国や先進国が起こしている権益争いがあり、その天然資源の一部は先進国でのスマートフォンなどで使われるレアメタルが含まれるということを、国際社会は認識すべきである」と訴えた。そして、ノーベル平和賞の授賞式での講演では「悲劇から目を背けることは、共謀していることと同じです。責任を問われるのは、犯罪の実行犯だけではありません。直視しないことを選んだ人も含まれるのです」と述べた。

　ムクウェゲ氏の「目を背けることは、共謀していることと同じ」、そして「責任を問われるのは、直視しないことを選んだ人も含まれるのです」という言葉は重い。私たちは、自国で起きていることさえ、「自分たちの生活とは関係ないところで起きていること」と受け止めていないだろうか。日本にも難民

はいる。日本で紛争が起きていないからといって、世界の紛争や難民問題は無関係であるということではない。問題を抱えて途方に暮れる外国人を「彼らが何かを欠いている」のではなく「私たちが何かを欠いている」と考えてみるかみないかで、社会は変わるのではないか。

（2）関わり、つながり、発信する

前述した、欧州におけるマイノリティの生活習慣病の罹患率が高いというWHOの報告は、日常的にヘルスケアへのアクセスに乏しく、入国後の生活環境が良くない状態の積み重ねの結果として、生活習慣病のリスクが高くなっている、ということを示している。それを考えると、外国人が苦境に陥るのは、日本社会での日常生活での小さな積み重ねのなかで、その要因がつくられているということだろう。では、私たちが日常生活で、今いる場所でできることは何なのだろう。

各章では、今起きている状況を変えるためには、人々が関わり、つながり、つなげることが大切だ、ということが共通して呼びかけられている。第6章では、「外国人母子の生活を見守り、声をかけることが自立生活を支えることだ」という一文があり、第3章では、各地にある、外国人、外国につながる子どもを支援するボランティア団体や国際交流協会、外国人住民を対象にした日本語教室に関わったり、紹介したりしていく、という方法も紹介された。自分自身がボランティア、NPO、国際交流協会などの情報を調べ、つながり、連携しながら自分がその一員になることは、とても力強い支援になる。

また、例えば労働問題を抱えた外国人労働者と出会った場合には、法的な支援が提供できる機関と連絡をとる。それまでは関わったこともない機関かもしれないが、行政機関やNPOに連絡を取ってみる。そして、連携し、1つ1つの事例を解決に結びつけていけば、やがて組織的な対応や制度につながっていく、と第2章でも提案している。2019年の入管法では、総合的な窓口をワンストップセンターとして整備する動きがある。「多文化共生総合相談ワンストップセンター」を全国約100か所に設置することを目指しているが、こうしたセン

ターにもつながってみながら、目の前の外国人を支えていくことが求められる。

　こうしたつながりを築きながら、私たちが知り得たことは、他者に、社会に伝えることも大切だ。本書のなかでも、難民支援協会が政策提言を活動の3つの柱のうちの1本として紹介している。実際にかかわった人だからこそできる発信は説得力がある。第9章でも、ソーシャルアクションについて紹介したが、そのなかでも示された、「つながりをもち、情報を共有したうえで、自身のSNSでの発信や、行政機関への働きかけをしていく」ことなどは、現状を変えるためには小さく見えて大きな行動だ。全部自分でやる必要はない。今いる場所からできる人が、できることを、できる範囲でやることが社会に変化を起こす。

　欧米諸国では、貧困や格差に対する企業の社会的な責任をどう果たすかは、企業への社会的評価でもある。奴隷的な就労環境や児童労働などの不適切な労働条件がないように管理すること、そしてそうした問題に関与することは企業の役割だろう。支援者と当事者だけではなく、企業に身を置く人々の関与も期待したい。教育機関、地域の人々、そして企業がみんなで少しずつ、ということが、本当の多文化共生社会をつくるのではないだろうか。

　最後に、解決とは何か。抱えていた問題が解消することなのだろうか。支援に携わっているなかで、当事者にとっては、問題に直面して途方に暮れているときに、そのことを気に留めて、話を聞き、一緒に考える人との時間を過ごす、という経験そのものが、実は問題の解消以上に大切ではないか、と思うことがよくある。問題の解決だけがゴールならば、支援する側がテキパキとあちこちに電話をして、書類を代わりに書けばそのほうが早い。でも、そうではない。人は八方ふさがりになると、「もういいや」「言っても無駄だ」という絶望感に満たされることもある。そういうなかで、一緒に悩み、解決策を考える。そういう経験が、「人として尊重された」という思いにつながり、「日本で困ったとき、人に聞いていいのだな」「しんどいけど頑張ろう」「何かあったらまた聞いてみよう」という気持ちにつながる。ソーシャルワークでは、これを「エンパワメント」として、特に社会的に抑圧された人々への支援で重視する。「人に

頼りながら自分で決めて前に進もう」と思う力を引き出すことが、当事者の尊厳を守り、生きる力を支えるのではないだろうか。

　外国人支援は、ハードルが高い、と思う人は多い。支援に関わってみて知らないことに出くわすことも多い。ただ、「専門知識や実践知識がないとできないのではないか」と考えてしまい、関わることにちょっとためらってしまう必要はない。一緒に右往左往する。「私も初めて知ったよ。それじゃ外国人の人だったら、なおさらわからないよね」でいいのではないだろうか。

　最後に、支援を必要とする当事者は、いろいろな力やネットワーク、信念をもっている。そういう本人の力に敬意をはらい、それに頼るつもりで、ともに考えていく、ということではないだろうか。

◉文献 --
Migrants and refugees at higher risk of developing ill health than host populations, reveals first-ever WHO report on the health of displaced people in Europe.
http://www.euro.who.int/en/media-centre/sections/press-releases/2019/migrants-and-refugees-at-higher-risk-of-developing-ill-health-than-host-populations-reveals-first-ever-who-report-on-the-health-of-displaced-people-in-europe

おわりに

　私事だが、編者の両親は離婚している。両親が離婚する少し前の時期は高校生だった。高校3年のある日、進路指導室で友人や進路指導の先生と話をしていた。そのときに「母子家庭の子どもは銀行には就職できない」という話が出た。高校で自分から両親の離婚の話をすることはなかったので、自然に出た話だったのだろう。誰の言葉だったか記憶はないが、先生含め、誰も否定しなかったことは覚えている。そのとき、「ただ母子家庭というだけで、就くことができない職業があるらしい」ことを初めて知った。そしてその後、アメリカに住むようになり、マイノリティであるということが人生の質や機会を左右する、ということをさらに学び、また自分の生活のなかで実感した。今、日本で児童福祉を専門として研究や教育に従事し、一方では外国人の支援にかかわり、彼らが置かれている苦境に触れるたびに、「ある特定の属性であるだけで、あるいはその国のマジョリティではないだけで、個人の努力とは関係なく壁が立ちはだかる」ということ、そしてそういう社会を生きなければならない人々の姿をみるとき、その人々の辛い、そしてやりきれないであろう心中について思う。そして、高校生のときに感じた「それはおかしいのではないか」という状況が多くあることを感じる。

　今回執筆をお願いした方々は、声をあげることができない、社会的に立場が弱い外国人の状況に心を痛め、それぞれの立場でさまざまな発信や行動をしている、気概のある方々である。そうした方々なので、周囲からは頼られ、とてもお忙しくされている。それを知っているだけに、執筆をお願いするのもはばかられるような気持ちにもなった。忙しいところに鞭打つようなお願いになったことだろうが、いただいた原稿を読み、それぞれの外国人をめぐる課題への問題意識、思いに触れ、「お願いしてよかった」と改めて感じた。本書の出版

にあたり、明石書店の深澤孝之氏もプロとして編集や調整にご尽力くださった。執筆者、編集者の方々に感謝申し上げたい。

　最後に、執筆者を代表して、本書を手にとってくださった方々には改めて感謝の気持ちをお伝えしたい。人権や、社会のなかで立場が弱い人々に思いをもつ方々なのだと思う。関心を寄せていただいたことに、執筆者は大いに勇気づけられる。読者の皆様には、各執筆者の関わる諸機関、諸活動をホームページなどでのぞいていただき、本書が願うことの1つである、「関わり、つながり、ともにできることをしてみる」に、できる形で加わっていただければ嬉しいかぎりである。

　編者は、2020年2月に参議院の調査会に出席させていただく機会があった。外国人が置かれている窮状について報告させていただいたわけだが、調査会の終了後に、ある議員の方から「いやあ、30年前と全然変わらないですね」と言われた。この書籍を数年後に読んだときに「変わってないな」と思うのだろうか。そうでないことを祈りたい。祈るだけではなく、自分にできることを、していくつもりである。

　2020年7月

南野　奈津子

●執筆者略歴（【　】は担当）

青柳りつ子（あおやぎ・りつこ）【第1章】
行政書士・社会福祉士。特定非営利活動法人 国際活動市民中心（CINGA）
理事、東京社会福祉士会国際委員会副委員長。外国人相談事業のコーディ
ネーターを務めるとともに、専門家相談会のコーディネーターとして、弁護
士や精神科医等の無料相談を実施。著作に『これだけは知っておきたい！
外国人相談の基礎知識』（共著、松柏社、2015年）がある。

沢田貴志（さわだ・たかし）【第2章】
神奈川県勤労者医療生活協同組合 港町診療所所長。総合内科専門医として
診療のかたわら、外国人の医療アクセスの改善のためにNPOや研究者、自
治体と連携して活動。シェア＝国際保健協力市民の会副代表、MICかながわ
理事、在東京タイ王国大使館医療アドバイザー。

小島祥美（こじま・よしみ）【第3章】
東京外国語大学多言語多文化共生センター准教授。小学校教員、NGO職員
を経て、岐阜県可児市に転居して取り組んだ全外国籍の子どもの就学実態を
明らかにした研究成果により、同市教育委員会の初代外国人児童生徒コーデ
ィネーターに抜擢されて不就学ゼロを実現。愛知淑徳大学を経て、2020年9
月より現職。文部科学省外国人児童生徒等教育アドバイザー。

大川昭博（おおかわ・あきひろ）【第4章】
特定非営利活動法人移住者と連帯する全国ネットワーク（移住連）理事。か
ながわ多文化ソーシャルワーク実践研究会代表。自治体の社会福祉職として
働くかたわら、移民の医療、社会福祉、社会保障の課題に関わる。移住連は
1997年の発足当時から運営委員として参加し、2015年の法人化で理事に就任。
移住連のコーディネート活動として、月に1回、各地の支援者の交流の場で
ある「外国人医療・生活ネットワーク」を開いている。

鳥海典子（とりうみ・のりこ）【第6章】
社会福祉法人 一粒会 母子生活支援施設 支援員。大学で社会学を修了後、
フィリピンでソーシャルワーク学士取得。日本から帰国した移民女性とその
子どもを支援するNGOでインターン後、ソーシャルワーカーとして勤務。日
本人と結婚したフィリピン人対象の国主催「出国前オリエンテーション」に
も講師として従事。2001年より現職。

松原恵之（まつばら・よしゆき）【第6章】
社会福祉法人 一粒会 母子生活支援施設 支援員。社会福祉士。全国の社会
的養護施設職員で組織するNPO STARS会員。著作に『よくわかる社会的養
護内容』第1部社会的養護の実施体系 II施設養護の特性 5母子生活支援施
設（共著、ミネルヴァ書房、2012年）、論文に「外国籍のひとり親世帯が抱

える課題と支援」『月間福祉 2017.12』（全国社会福祉協議会、2017年）がある。

新島彩子（にいじま・あやこ）【第7章】
特定非営利活動法人 難民支援協会（JAR）職員。支援事業部マネージャー。
大学卒業後、民間企業に就職。2001年にアフガニスタン出身の難民申請者
が一斉に収容された件をきっかけに約5年間、JARの生活支援スタッフとし
て勤務。その後、理事として活動に携わり、2016年12月より現職。

木村真理子（きむら・まりこ）【第8章】
日本女子大学名誉教授。専門は、国際・多文化ソーシャルワーク、精神障碍
と心理社会的リハビリテーション。2014年から18年までIFSW（国際ソー
シャルワーカー連盟）国際副会長、アジア太平洋地域会長を務めた。同分野の
近著に「グローバリゼーションと国際ソーシャルワーク」岡伸一・原島博編
『新 世界の社会福祉12 国際社会福祉』（旬報社、2020年）がある。

木下大生（きのした・だいせい）【第9章】
武蔵野大学人間科学部社会福祉学科教授。社会福祉士。博士（リハビリ
テーション科学）。専門は、ソーシャルワーク、障害者福祉論、司法福祉論。
被疑者被告人に問われた知的障害者、性産業に従事する女性の支援活動に
携わっている。主な著作に『ソーシャルアクション！あなたが社会を変えよ
う！──はじめの一歩を踏み出すための入門書』（ミネルヴァ書房、2019年）、
『認知症の知的障害者への支援──「獲得」から「生活の質の維持・向上」
へ』（ミネルヴァ書房、2020年）などがある。

吉田真由美（よしだ・まゆみ）【コラム】
NPO法人「ASIAN PEOPLE'S FRIENDSHIP SOCIETY」代表理事。2002
年から同団体の活動に参加し、2018年6月より現職。主に在留関連の相談を
担当。著作に『在留特別許可と日本の移民政策』第5章1（1）（明石書店、
2007年）、『移住政策と多文化コミュニティへの道のり』第3章（現在人文社、
2018年）などがある。

石川美絵子（いしかわ・みえこ）【コラム】
社会福祉法人 日本国際社会事業団（ISSJ）常務理事。国際関係を専攻し、
民間企業に務める傍ら難民支援ボランティアに従事、2010年よりISSJ勤務、
福祉職に転じた。2015年社会福祉士取得。法務省「第6次出入国管理政策
懇談会 難民認定制度に関する専門部会」（2013〜2014年）、内閣官房「第三
国定住による難民の受入れ事業の対象拡大に係る検討会」（2018〜2019
年）の委員を務めた。

●編著者略歴（【　】は担当）

南野奈津子（みなみの・なつこ）【序章、第5章、終章】
東洋大学ライフデザイン学部生活支援学科教授。博士（社会福祉学）。研究テーマは児童家庭福祉、多文化ソーシャルワーク。日本社会福祉士会、日本国際社会事業団、NPO等で外国人支援業務や社会活動に従事。主な著作に『外国人の子ども白書——権利・貧困・教育・文化・国籍と共生の視点から』（共編著、明石書店、2018年）、『多文化理解・国際理解への学び——多様性の尊重を目指して』（共著、大学図書出版、2019年）、『女性移住者の生活困難と多文化ソーシャルワーク——母国と日本を往還するライフストーリーをたどる』（明石書店、2022年）。主な論文に「特別な支援を要する幼児・児童の多様性と支援：外国人障害児に関する考察」（『ライフデザイン学紀要』13巻、337～347頁、2018年）、「在日外国人の子どもの支援」（『保健の科学』60（9）、593～597頁、2018年）などがある。

いっしょに考える外国人支援
──関わり・つながり・協働する

2020 年 9 月 30 日　初版第 1 刷発行
2022 年 2 月 28 日　初版第 2 刷発行

　　　　　　　　　　　編 著 者　　南 野 奈 津 子
　　　　　　　　　　　発 行 者　　大 江 道 雅
　　　　　　　　　　　発 行 所　　株式会社　明石書店
　　　　　〒 101-0021　東京都千代田区外神田 6-9-5
　　　　　　　　　　　電　　話　　03 (5818) 1171
　　　　　　　　　　　Ｆ Ａ Ｘ　　03 (5818) 1174
　　　　　　　　　　　振　　替　　00100-7-24505
　　　　　　　　　　　　　　http://www.akashi.co.jp
　　　　　　　　　装丁　　明石書店デザイン室
　　　　　　　　　組版　　朝日メディアインターナショナル株式会社
　　　　　　　　　印刷・製本　　モリモト印刷株式会社

〈価格は本体価格です〉

芝園団地に住んでいます

住民の半分が外国人になったとき何が起きるか

大島隆 著

■四六判／並製／240頁 ◎1600円

2016年の米大統領選挙で排外主義の台頭を目の当たりにした著者は、取材から帰国した後、住民の半数が外国人の芝園団地（埼玉県川口市）に移り住む。日本人住民の間に芽生える「もやもや感」と、見えない壁を乗り越えようとする人々を描いたノンフィクション。

ルポ コロナ禍の移民たち

室橋裕和 著

■四六判／並製／296頁 ◎1600円

コロナ・ショックは移民社会をどう変えたか。気鋭のルポライターが訊いた、日本で生きる外国人ならではの偽らざる本音と生き抜き方――。2020年から21年末までの取材成果を結集。苦悩、絶望、悲惨さだけじゃない、ポジティブでしたたかな姿も垣間見えた旅の記録。

〈価格は本体価格です〉

外国人の医療・福祉・社会保障相談ハンドブック

移住者と連帯する全国ネットワーク 編

■B5判／並製／352頁 ◎2500円

日本で生活している外国人による医療・福祉・社会保障の利用を支援するためのハンドブック。法律家だけでなく、医療従事者、福祉施設職員、日本語教室や国際交流協会、自治体職員、NPO・NGOなど、外国人の生活を支援するすべての人のための必携書。

——●内容構成●——

第Ⅰ部 支援に必要な基礎知識
　第1章 ハンドブックを活用するにあたって
　　　　—外国人の制度利用と権利
　第2章 医療・福祉現場のコミュニケーション
　第3章 外国人と医療・福祉・社会保障制度
　第4章 災害時の支援策と外国人
　第5章 在留資格と「入管通報」への対策
第Ⅱ部 ケースから学ぶ対応と利用可能な制度
第Ⅲ部 関係法令・通知・資料集

医療現場で役立つ知識！8ヶ国語対応

医療通訳学習ハンドブック

G・アビー・ニコラス・フリュー、
一枝あゆみ、岩本弥生、西村明夫、三木紅虹 著

■A5判／並製／448頁 ◎3600円

好評を博した『医療通訳学習テキスト』の続編。ニーズが急速に高まるベトナム語・タイ語が加わり計8ヶ国語に対応。現場で求められる診断、検査、治療の基礎知識も新規に追加。身体のしくみを学ぶことで、さまざまな病気の知識を身に付けられる、研修や自己学習に最適な医療通訳従事者必携の書。

——●内容構成●——

序　章 本書の趣旨・目的
第1章 医療通訳のアウトライン
第2章 身体組織の知識
第3章 主な病気のアウトライン
第4章 タイ語・ベトナム語訳例

〈価格は本体価格です〉

Q&Aでわかる
外国につながる子どもの
就学支援

「できること」から始める
実践ガイド

小島祥美 編著

■A5判／並製／280頁 ◎2200円

国の調査で、日本に住む外国人の子どもの約6人に1人が不就学であると明らかになった。「不就学ゼロ」のために学校や地域で私たちにできることは何か。本書は、現場で使える支援のポイントをまとめた初のバイブルである。基礎自治体の職員、教育関係者必携。

保育政策の国際比較

子どもの貧困・不平等に世界の保育はどう向き合っているか

ルドヴィクァ・ガンバロ、キティ・スチュワート、
ジェーン・ウォルドフォーゲル 編著

山野良一、中西さやか 監訳
大野歩、鈴木佐喜子、田中葵、南野奈津子、森恭子 訳

■A5判／並製／336頁 ◎3200円

近年、世界各国で保育・幼児教育の推進は重要な政策課題であり、特に貧困によって社会的排除されがちな子どもの育ちを保障する「質の高い保育」に注目が集まっている。本書は欧米8ヵ国の保育政策を概観することを通して、日本が抱える保育問題を照射する。

〈価格は本体価格です〉

外国人の子ども白書【第2版】

権利・貧困・教育・文化・国籍と共生の視点から

荒牧重人、榎井縁、江原裕美、小島祥美、志水宏吉、
南野奈津子、宮島喬、山野良一 編

■A5判／並製／320頁 ◎2500円

現代日本における「外国につながる子ども」の現状と支援の課題が一冊でわかる画期的な入門書。第2版では、パンデミックが外国人の子どもの生活に及ぼした影響、入管政策の変化などに対応し、索引の付加、新節の追加、資料や数値データのアップデートを行った。

女性移住者の生活困難と多文化ソーシャルワーク

母国と日本を往還するライフストーリーをたどる

南野奈津子 著

■A5判／上製／264頁 ◎3800円

日本には、貧困、DVなどの深刻な生活困難を抱え、社会で孤立している女性移住者が多く存在する。本書では、母国での成育歴を含めた人生の内実と当事者本人の声を丁寧に拾い、固有の脆弱性と強みに即した多文化ソーシャルワークのあり方を明らかにする。